网络空间安全技术丛书

企业信息安全建设之道

黄 乐 编著

机 械 工 业 出 版 社

本书凝结了作者多年的企业安全建设、管理和运营的经验，深入浅出地探讨了企业信息安全方面的工作。全书分三部分：思路篇从认识安全团队自身价值入手，切入企业安全工作的视角问题；技术篇从攻击面管理、漏洞管理、主机安全、威胁管理、应急响应、安全服务管理、重要保障期和业务安全等方面展开讨论，从而让读者了解各项工作的具体方法；运营篇从更高的视角重新审视企业安全工作，利用定量和定性分析方法，客观评价各项安全工作。

本书采用浅显易懂的语言，使读者可以轻松了解企业信息安全工作的思考方式和可选择的手段，既适合初入安全行业的新人，又可以给行业老兵带来一些思考和启发。

图书在版编目（CIP）数据

企业信息安全建设之道/黄乐编著 . —北京：机械工业出版社，2020.9
（2022.4重印）
（网络空间安全技术丛书）
ISBN 978-7-111-66638-7

Ⅰ. ①企… Ⅱ. ①黄… Ⅲ. ①企业情报-信息安全-研究 Ⅳ. ①F272.7

中国版本图书馆 CIP 数据核字（2020）第 184141 号

机械工业出版社（北京市百万庄大街22号　邮政编码100037）
策划编辑：李馨馨　　　责任编辑：李馨馨　秦　菲
责任校对：张艳霞　　　责任印制：常天培
北京机工印刷厂印刷

2022年4月第1版·第3次印刷
184mm×260mm·12.5 印张·287 千字
标准书号：ISBN 978-7-111-66638-7
定价：69.00元

电话服务　　　　　　　　　网络服务
客服电话：010-88361066　　机　工　官　网：www.cmpbook.com
　　　　　010-88379833　　机　工　官　博：weibo.com/cmp1952
　　　　　010-68326294　　金　书　网：www.golden-book.com
封底无防伪标均为盗版　　　机工教育服务网：www.cmpedu.com

出版说明

随着信息技术的快速发展，网络空间逐渐成为人类生活中一个不可或缺的新场域，并深入到了社会生活的方方面面，由此带来的网络空间安全问题也越来越受到重视。网络空间安全不仅关系到个体信息和资产安全，更关系到国家安全和社会稳定。一旦网络系统出现安全问题，那么将会造成难以估量的损失。从辩证角度来看，安全和发展是一体之两翼、驱动之双轮，安全是发展的前提，发展是安全的保障，安全和发展要同步推进，没有网络空间安全就没有国家安全。

为了维护我国网络空间的主权和利益，加快网络空间安全生态建设，促进网络空间安全技术发展，机械工业出版社邀请中国科学院、中国工程院、中国网络空间研究院、浙江大学、上海交通大学、华为及腾讯等全国网络空间安全领域具有雄厚技术力量的科研院所、高等院校、企事业单位的相关专家，成立了阵容强大的专家委员会，共同策划了这套《网络空间安全技术丛书》（以下简称"丛书"）。

本套丛书力求做到规划清晰、定位准确、内容精良、技术驱动，全面覆盖网络空间安全体系涉及的关键技术，包括网络空间安全、网络安全、系统安全、应用安全、业务安全和密码学等，以技术应用讲解为主，理论知识讲解为辅，做到"理实"结合。

与此同时，我们将持续关注网络空间安全前沿技术和最新成果，不断更新和拓展丛书选题，力争使该丛书能够及时反映网络空间安全领域的新方向、新发展、新技术和新应用，以提升我国网络空间的防护能力，助力我国实现网络强国的总体目标。

由于网络空间安全技术日新月异，而且涉及的领域非常广泛，本套丛书在选题遴选及优化和书稿创作及编审过程中难免存在疏漏和不足，诚恳希望各位读者提出宝贵意见，以利于丛书的不断精进。

机械工业出版社

网络空间安全技术丛书
专家委员会名单

主　　任　沈昌祥　中国工程院院士
副 主 任　方滨兴　中国工程院院士
　　　　　王小云　中国科学院院士
委　　员（以姓氏拼音为序）
　　　　　陈兴蜀　四川大学
　　　　　陈　洋　小米科技有限责任公司
　　　　　程　光　东南大学
　　　　　程　琳　中国人民公安大学
　　　　　丁　勇　广西密码学与信息安全重点实验室
　　　　　弓峰敏　滴滴出行科技有限公司
　　　　　贺卫东　中电长城网际系统应用有限公司
　　　　　贾　焰　中国人民解放军国防科技大学
　　　　　李　晖　西安电子科技大学
　　　　　李建华　上海交通大学
　　　　　李　进　广州大学
　　　　　李欲晓　中国网络空间研究院
　　　　　刘建伟　北京航空航天大学
　　　　　马　斌　腾讯计算机系统有限公司
　　　　　马　杰　北京百度网讯科技有限公司
　　　　　孟　丹　中国科学院信息工程研究所
　　　　　卿　昱　中国电子科技网络信息安全公司
　　　　　任　奎　浙江大学
　　　　　谈剑峰　上海众人网络安全技术有限公司
　　　　　谭晓生　北京赛博英杰科技有限公司
　　　　　位　华　中国信息安全测评中心
　　　　　魏　军　中国网络安全审查技术与认证中心
　　　　　吴志刚　中国软件评测中心
　　　　　肖新光　安天实验室
　　　　　谢海永　中国科学技术大学
　　　　　赵　波　武汉大学
　　　　　郑志彬　华为技术有限公司
　　　　　祝跃飞　中国人民解放军战略支援部队信息工程大学
秘 书 长　胡毓坚　机械工业出版社
副秘书长　秦　安　中国网络空间战略研究所

序一

随着我国国民经济和社会信息化进程的全面加快,网络与信息系统的基础性、全局性作用日益增强,信息安全已成为国家安全的重要组成部分,而企业的信息安全尤为重要。近年来,随着《中华人民共和国网络安全法》和《信息安全技术网络安全等级保护基本要求》等法律法规和相关标准的全面铺开,企业对信息安全工作的重视程度越来越高,投入也越来越大。但只有采取了正确的工作方法和策略,才能使企业大量的投入起到积极的作用。

《企业信息安全建设之道》一书,并没有详细讨论纷繁复杂的安全技术,而是从企业视角重新审视了安全工作的方法和策略,将技术思维、管理思维和运营思维融合到了一起。从本书的内容可以看出,作者更加希望授人以"渔"。通过引发思考、获取灵感,读者可以在各自企业复杂的环境中找到最佳解决方案。同时,本书并没有仅站在大型企业的视角审视安全,作者在书中充分讨论了各种规模和性质的企业在面临安全问题时的选项和利弊。相信无论是初学者还是资深行业老兵,都能在本书中汲取到养分。

——中国工程院院士 沈昌祥

序二

近年来，广播电视媒体行业普遍开展了数字化、网络化改造工作，越来越多地应用到了互联网技术，越来越多的信息系统面向互联网开放。这种技术进步在给企业带来极大业务便利性、拓宽业务领域、实现业务创新的同时，也给企业带来新的挑战——如何保障信息系统的网络安全。"没有网络安全就没有国家安全"，做好网络安全保障是广播电视媒体工作的重点之一。建设一整套网络安全防护技术体系，建立行之有效的系统运行机制和安全管理体制，则是做好安全保障的基石。

本书不是严谨的技术标准解读，也不是具体的系统建设方案介绍，而是作者通过多年来的信息系统运行管理而总结出来的认识和感悟，这是本书的一大特点。

本书从信息系统运行单位网络安全实践者和管理者的视角探讨了网络安全体系建设业务，从思路、技术、运营三个方面阐释了企业网络安全建设的要点及其思考，可以帮助读者更加全面、立体、生动地了解企业网络安全的主要工作。

虽然网络安全建设与防护在不同行业之间有各自的特点与差异，但更多的是共性。相信本书对各行各业从事信息安全的读者都会有所帮助。

——中央广播电视总台安全管理处处长　琚宏伟
2020 年 5 月 31 日

序三

　　企业信息安全是一个常说常新、永无止境的话题，所有人都知道信息安全的重要性，但在不出问题之前，很多企业面对信息安全还是难免会有能省则省、能拖则拖的心态。近些年来，以互联网为代表的各类信息网络作为关键基础设施的重要性日益凸显，国内外不同行业也出现大量信息安全事件：2015年法国某电视台遭受大规模网络攻击，旗下各个电视频道、网站停播长达数小时；某国际知名酒店集团于2018年、2020年两次披露其数据库被入侵，泄露酒店客人数据约4亿条；2017年勒索病毒在全世界范围内爆发，国内教育、医疗等多个行业受到影响……，这些事件给很多企业带来灾难性的影响，但也反向刺激了各类企业实质性地对信息安全加大投入、加强管理，正如作者在本书的第三部分运营篇中指出的，企业安全工作可以划分为四个阶段：起步阶段，安全岗位聊胜于无；积累阶段，成立了专职安全部门可是人员编制太少、工作推进缓慢；再到安全团队扩编、内部体系磨合阶段，安全治理效果仍然难以有质的变化，非安全体系的技术人员仍然只是将安全作为低优先级的工作，安全体系人员也只是关注工作量、难以关注结果；最后再到第四阶段，从关注工作量到关注结果，强调结果导向、带来价值。以个人所观察到的，大多数企业还只是在第一阶段到第二阶段艰难徘徊，一部分企业正在第三阶段到第四阶段寻求突破，在这种形势下，本书作者根据其多年安全从业实践经验及深刻思考总结所得的这本《企业信息安全建设之道》给我们带来了全方位的启示和指导。

　　相比很多一上来就论述分析诸多艰深复杂的技术的安全类书籍，作者通过本书向读者充分展示了在企业信息安全领域"做正确的事"（Do right thing）和"把事做正确"（Do thing right）的关系和细节，本书从思路篇开始到运营篇结束，中间的技术篇广泛而深入地涉及了"攻击面管理、漏洞管理、主机安全、威胁管理、应急响应、安全服务、重要保障期、业务安全"各个部分，深刻地揭示了企业信息安全治理的总体思路、运营方法、技术运行和工具平台。

　　作者通过这些深入浅出的思考和总结，帮助读者快速建立起一个企业信息安全建设业务和技术的整体观，从而对各个专项领域有了深刻的洞察，只言片语间常让人有"审堂下之阴，而知日月之行"的领悟。作者在本书第三部分运营篇开篇中提到："我们本以为安全已经做得不错了，但是安全事件的发生概率还是没有质的下降。究其原因，是非安全部门的工程师将安全工作当成是低优先级的、锦上添花的工作，没事的时候可以去做，但是一旦忙起来，安全相关的工作肯定是往后推的，不幸的是，他们一般来说都很忙。而安全部门的工程师只关注工作量，还没有对结果负责的想法。比如，渗透测试工程师只关注今天挖了几个洞，而不关心修复漏洞的情况，因为这是运维和开发的事，你就是不修，我也没办法。而负责威胁检测的工程师在多次提示同一个恶意 IP 而得不到回应后也就把这个 IP 加白名单了。这种情况下，安全事件当然是无法避免的。"相信很多有企业信息安全一线实践经验的读者读到这里都难免和我一样发出会心的苦笑，而同时作者不仅是提出问题，更进一步对脆弱性管理、威胁检测、防御能力制定了覆盖率、准召率（准确率和召回率）、复发率、时效性五个指标。常常有人说安全是"三分技术、七分管理"，也有人说制约企业信息安全问题的根本常常是在体制机制上，这些话都对，但几乎没有人会告诉我们该怎么去解决这些管理问题。我认为作者所提出的以"覆盖率、准召率、复发率、时效性"为代表的安全运营指标体系至少在信息安全治理领域给出了真正的答案，深度结合了技术和管理，对信息安全乃至整个业务运维的各级管理者们来说都有重大参考意义，这其实是提供了一套可落地的考核体系，抓到了信息安全治理的"牛鼻子"了。本书作者几乎穷尽了企业信息安全工作中所有可能遇到的问题，安全从业人员只要按照书中总结的指导思想和方法框架推进，自然就能找到各类信息安全难题的解决之道。

我和作者同属一个行业系统，虽然日常见面机会不多，但是共同语言很多，每次和他交流，都能受益良多，这次更是通过本书更加系统性地获得了他在企业信息安全建设方面的经验启示。读好书是快速拓宽思想、提升洞察力和执行力的捷径，唯读书能改变气质，通过本书，我们对企业信息安全建设的认知又一次得到了提升，期待作者未来不断给我们带来更多思想和智慧的启示。

——深圳广播电影电视集团技术中心网络技术部副主任　查亚东

2020 年 6 月

推荐语

　　网络与信息安全是一个整体,任何问题或安全的漏洞都可能造成企业不可挽回的损失。基于对抗的理念来做安全是企业信息化保证安全的必由之路,需要制定自上而下的企业信息安全战略,分步实施。对外,以及时发现异常、跟踪溯源、实时反制并以形成网络威慑为目标;对内,以安全零信任为入手点,进行身份认证、授权管理,以每个人只能访问与之工作相关的业务系统和数据为目标。最终目标是实现本企业内信息安全的全天候全方位实时感知,全过程的可控制、可追溯和可管理,企业的信息安全不仅仅是一种保障,通过对业务数据的深度挖掘和大数据分析,更能产生经济效益。

　　作者结合多年工作经验,从基于对抗的工作思路入手,将安全工作分为技术、管理、应急响应、服务和重点保障等方面,从理论、技术和实践入手,提出了操作性强的具体建议和方法,非常全面,值得每一位从事企业网络与信息安全规划、建设和运维工作的同行学习和参考。

——中国信息化推进联盟信息化协同创新专业委员会副主任　邵国安

　　正如作者书中所言,互联网企业信息安全体系的建设是有其特殊性和优势的,相比于传统企业拥有强大的技术团队,业务对于安全的支持和投入,甚至安全防御功能是嵌入式和原生特性,这些特质是传统企业无法复制的;作者身处央企,管理着国家重要的信息化系统,而系统是纯互联网技术架构,需要足够开放还得保障万无一失,几乎天天是重保状态。令人钦佩的是,作者这么多年一直奋战在一线做安全运维和防护工作,有思路、有技术、有实践、有反思,亲力亲为,不断探索和试错,打磨出一套真正适合传统企业信息安全的防护体系,实战性、落地性强,非常适合指导传统企业在人员组织受限,安全防护级别要求高的情况下,构建有效的安全防护体系。本书从安全防护的方法、技巧和实践,来揭示安全防护的核心、本质和关键点,是业内不可多得的、纯甲方视角的安全防护实践精华的总结。

——腾讯云安全专家咨询中心负责人　陈灏明

　　国内大量企业的安全职能并非其价值链上的主要职能,而安全作为辅助职能,很难获得足够的资源支撑,安全从业者需要结合企业不同发展阶段以及对安全的诉求度,深入思考稀缺资源配置问题,通过更为有效的对上沟通、跨部门沟通方法,获取资源支持,系统性构建适度安全(组织适度、架构适度、产品适度、性能适度等),并持续运营,用更少的资源发挥更大的安全价值。本书作者长期从事甲方信息安全工作,在其日常工作中勤于思考、总结和归纳,本书以思路开篇,引导读者对安全价值进行深入思考,进一步系统性讲解安全技术、安全运营等各种安全活动,其精辟的理论和实操性强的方式、方法对信息安全从业者工作能起到较好的指导作用,安全既是一门技术,更是一门艺术,本书既有其深度,又有其广度,相信读者阅读后会受益匪浅。

——联动优势科技有限公司 IT 合规审计部负责人　赵志强

真心感谢作者给大家带来如此宝贵的安全知识,本书内容可谓是打破了传统安全书籍的套路,除了安全技术、安全管理,还增加了思路和运营方面的内容,为企业精准安全建设提供了更精细化的指引。在现在的行业里,技术作为基础保障是不缺的,管理在国家大力引导和合规管控上,也有了较好的成就,但企业要用好技术、管好人,还需要结合业务、场景和企业文化去运营。希望每一位读者都能从本书获取想要的知识,为庞杂的安全建设梳理一条清晰的"脉络",最后预祝本书大卖,快速迭代新版本,持续输出优质内容。

——智联招聘安全总监　张坤

作者是一位对技术非常热爱的管理人才,他将自己多年来对行业的理解和实践总结成书。随着新基建的井喷式发展,安全将成为新基建不可或缺的一部分,我们需要更多像作者这样的从业者为行业无私地奉献。

——特斯联信息安全官　李学庆

企业信息安全建设知其不易、行之更难。本书是少见的真正从全视角帮助甲方安全团队的著作。希望信息安全从业者都可以从书中获益,帮助企业做好信息安全建设,助力业务发展。

——金拱门(中国)有限公司信息安全和风险管理总监　赵锐(锐少)

企业安全建设是一个非常系统化的大工程,很多刚入行甚至工作了一段时间的安全工程师都无从下手。作者根据自己的体会心得,从思路、技术和运营三个大的大方向展开,系统介绍了企业安全建设的方方面面,有广度也有技术深度。我读完一遍后深受启发,强烈推荐安全从业人员学习。

——《Web 安全之机器学习入门》作者、国内著名 AI 安全专家　兜哥

有幸可以提前拜读作者的这本书。从内容就能看出来本书是作者多年来从事安全行业的宝贵经验。本书从思路、技术、运营三个方面介绍了信息安全建设的各个环节并结合了

大量实际案例，读完后，使我受益匪浅。作者组织的"清流派"企业安全沙龙和他的公众号内容都非常务实，相信这也是一本非常值得信息安全从业人员阅读的诚意之作。

——猎豹移动安全总监、《互联网安全建设从0到1》作者 林鹏（lion_00）

作者是我在安全圈认识的非常务实的朋友，对信息安全的理解非常全面并且有独到的见解，本书在思路、方法论以及实战上有很多的干货，将信息安全体系从思路，到战略，到技术落地以及后期的运营融会贯通，是非常值得借鉴的"武林秘籍"。

——正保远程教育安全负责人 李晨

大型国企面临互联网化的技术架构挑战，又面临无队伍、无预算、无政策的体制化痛点。书中以甲方视角讲述该如何辗转腾挪向上影响获取支持；又牵引甲方技术人员跳出技术视角，贴近运营看安全指标，并脚踏实地地聚焦安全短板建立工程化能力。

——滴滴数据安全负责人兼车服子公司CISO 钱业斐

从网络工程师到安全负责人，从硬件堆砌到软硬结合，从简单购买安全服务到甲乙双方深层协作，从思路构想到技术落地，从技术管理到技术运营，作者数年间的实践干货写成本书，这就是从网络工程师到安全大牛的蜕变。

——前爱卡汽车信息系统部高级总监 李世勇

本书站在企业安全负责人的角度，将企业安全全局建设的思路和经验娓娓道来，对于如何构建一套企业安全体系，然后将其建设落地并有效运营，给出了深入思考和实践经验，为企业安全的从业人员提供了一本很好的工作手册。全书从总体的思路分析，到详细的技术实现，再到日常的安全运营，描述得非常细致，语言也非常接地气，强烈推荐从事安全工作的朋友们阅读此书。

——同程旅行安全总监 张博

甲方安全很难有一根标准线，各家企业都在规划适合自己业务方向的安全体系，但建设过程中很多痛点是共通的。本书中有大量实战经验和案例分享，这些思路非常宝贵，作为正在经历甲方安全体系建设的从业者，在阅读过程中引起极大共鸣。书中对安全工作思路和实战经验的解读能够很好地指导甲方安全的工作规划，为解决甲方安全的痛点指明道路，是提升安全水平的实用书籍。

——金山云企业安全负责人 张娜

参加过多次作者组织的网络安全栈的"清流派"线下交流活动，氛围非常好且有干货。近年来，随着网络安全的重要性愈发凸显，技术人员面对着很多不确定因素，承担着巨大的工作压力和责任，时常处在"事烦心累"的窘境。本书基于作者多年实操经验，并整合了组织管理视角，循序渐进，生动贴切地归纳并提供了一种动态构建企业自身网络安全能力的方法论,也是网络安全领域学习探索的一脉"清流"。

——中国联通网络技术研究院高级工程师　丁伟

  伴随互联网时代的快速发展,信息安全建设成为企业不可缺少的工作,做好信息安全建设的规划是首要工作。本书作者根据多年企业安全的实践经验,分别从思路篇、技术篇及运营篇给出了规划建设的方法,有着重要的参考意义。在本书中,既有理论知识也有最佳实践,是一本不错的信息安全专业书籍,非常适合企业安全负责人员、运维人员以及安全从业人员阅读。

——云丁科技安全运维部总监　向阳

前言

2017年6月13日，刚刚完成一次演讲，机械工业出版社的海霞编辑找到了我，说如果有出版的需求可以联系她。在礼貌地加了微信后，就准备把这件事抛之脑后了，因为那时候感觉写书离自己太遥远。但渐渐地，我发现这次短暂的会面后，"写点什么"竟成了脑中挥之不去的一个想法。于是在2018年3月，我申请了个人公众号（xiaohuangsec），希望用1~2年沉淀出的思路构建一本书，所以就用那一刻作为本书的开始！

2012年，在一个比较偶然的契机下，笔者开始接触网络安全工作，也是那一年开始了从一个网络工程师向安全工程师转变。那个时候企业的网络安全大多是运维几台防火墙和入侵检测系统（Intrusion Detection System，IDS），再买个漏洞扫描服务的事情。但经过多年的安全建设、攻防对抗，发现和解决了大量的实际问题，可谓是"逢山开路，遇水搭桥"。在此期间也看到了安全工作和运维工作的差别。与此同时当然也在学习，通过阅读大量专业的文章，笔者在受教于这些文章的同时，也在思考这样一些问题：

这些技术如何在我供职的企业中落地？

如何让技术充分为企业所用？

买了这么多安全产品，为什么还会发生安全事件？

安全服务团队应该如何管理？

甲方团队与安全服务团队应该如何协作？

技术层面，"拿来主义"和自主可控应该如何协调？

……

笔者所就职的企业是一家不太典型的国企，之所以说不太典型是指：公司体制确实是国企，但企业的技术架构完全是互联网化的。这意味着我们的技术是互联网的，机制是非互联网的。而且近年来，越来越多的非互联网企业拥有了庞大的互联网架构。如此看来，上述问题就不仅仅是我们自己的问题了。

试想，像BAT（百度、阿里、腾讯）这类大型互联网公司的安全工作非常规范，他们有队伍、有预算、有政策，在基础问题可以很好解决的基础上，关注点自然在最顶尖的技术上。而很多非互联网公司在各种固有条件的约束下很难做到上述"三有"。而且这类企业的基数很大，如果我们从这个视角去看待安全问题，那么第一步要解决的一定不是挖0day

漏洞，或者搞机器学习这一类的工作。面对着有一定体量，但安全面临很多初始问题的企业，我们该怎么办？

伴随着笔者多年来对上述问题的思考，就有了这本书。本书主要致力于解决企业网络安全团队的工作视角问题。通过总结笔者的工作经验和思考，给读者梳理安全工作的方式、方法和思路。本书不会像纯技术书籍那样阐述具体的技术知识点，但会从思路层面给读者带来一些启发，从而引发一些思考。所以，本书会采用尽量减少读者的阅读压力的表达方式，希望所有读者都能从轻松的氛围中理解书中所阐述的内容。本书会通过一些简单的推理和例子帮助读者理解相关概念和思路，引导读者更深入地自主学习相关内容。

思路篇 首先从认识安全团队的价值入手，探讨如何让安全工作更多地引起高层重视，接着分析了安全团队和甲方与乙方之间的关系。然后从定义问题、执行标准、认清身份等几个方面探讨安全团队的着眼点。这一篇的目的是跟大家一起从最基础的维度分析安全工作的思路，找到一些最基本的思路。

技术篇 从攻击面管理、漏洞管理、主机安全、威胁管理、应急响应、安全服务管理、重要保障期和业务安全等方面介绍安全工作的具体情况。需要强调的是，这几个方面我们都不会从具体的技术去展开，而是从甲方的需求、市场情况以及可能采取的策略等方面去探讨工作方法。本书的宗旨是，能在其他地方查到资料的内容尽量不去过多介绍，点到为止。安全技术非常宽泛，对于某些领域感兴趣的读者可以通过很多方式详细研究。

运营篇 从技术运营和非技术运营两个方面阐述安全运营的重要性和基本方法。在运营篇的最后，我们会整合一些经常用到的手段和经常遇到的问题。

如前文所说，本书会尽量营造轻松的氛围，以减少读者的阅读压力。所以，本书对读者的知识储备要求并不高，只需要了解安全工作的一些基本术语即可，比如：漏洞扫描、分布式拒绝服务（Distribution Denial of Service，DDoS）、黑白名单、源码审核等。这类术语笔者都不会再进行过多介绍，就算对此不甚了解的读者，通过搜索引擎简单了解相关概念也不会影响阅读。所以，本书的适用范围还是比较广的。

安全团队的管理者可以通过本书了解自己企业之外的安全需求和想法，一方面可以印证自己以往的思路，另一方面可以填补一些思维盲区。

希望去甲方工作的安全从业者可以通过本书了解甲方工作的基本思路，使自己能尽快进入工作状态，也能让自己更好地融入团队。

希望更多了解甲方工作的乙方从业者可以通过本书对甲方的需求和视角进行梳理，减少交流障碍。

希望进入网络安全行业的初学者可以通过本书明确甲方的工作方向，帮助你选择学习方向，明确职业规划。

本书的阅读方法

本书不是技术书籍，相信网络安全从业者读起来还是比较轻松的。另外，笔者认为读书一定要带着自己的想法，能从书中得到启发，并对自己日后的行为产生积极影响是非常重要的，这也是本书的编写目的。

由于笔者视野和写作水平有限，书中表述难免存在谬误或狭隘之处，欢迎大家将问题通过我的公众号（xiaohuangsec）反馈给我，我会在提高自己认知的同时，在之后的版本中更正。

致谢

感谢父母、岳父岳母帮助打理家务、照顾小孩，让我几乎没有后顾之忧，可以安心地工作和写作。

感谢妻子对我的支持，在任何时候都能得到她的鼓励和安慰。

感谢邵国安主任，作为前辈和领路人，在安全工作的理念和见识层面给了我很多的指导。感谢李晨和我一起组织"清流派"企业安全沙龙，没有他，"清流派"沙龙不会有现在的规模。感谢猎豹移动的林鹏，通过结伴写作给我提供了很多动力，使本书可以按时完成。感谢我的朋友们，在平常交流中给了我很多指导和工作思路上的启发，他们包括但不限于（排名不分先后）：李学庆、陈灏明、李世勇、张旭、张坤、赵志强、张博、丁伟、钱业斐、向阳、张娜、开少。感谢兜哥、赵彦、君哥、职业欠钱的书籍和文章，给了我很多工作上的帮助。

感谢我供职的央视网，让我有了很多积累和试错的机会。感谢一直鼓励、帮助我的领导，让我有不断前进的动力。感谢我的同事王洪宇、裴钰、李鹤、李伟、汪丹丹、伊宁博，他们给了我很多启发，甚至在部分章节直接引用了他们的文字。

感谢沈昌祥院士、琚宏伟处长和查亚东主任为本书作序，感谢你们对我的支持和对本书的认可。

最后，感谢海霞在 2017 年就给了我写作的启发，感谢编辑李馨馨老师的鼎力支持，没有她们就不会有这本书。

黄　乐

目录

序一
序二
序三
推荐语
前言

思 路 篇

第1章 基本思路 ········· 3
  1.1 安全团队的价值 ········· 4
  1.2 企业安全管理是"二级混沌系统" ········· 4
  1.3 企业安全是"极端复杂问题" ········· 5
  1.4 如何引起重视？ ········· 6
  1.5 谁是我们的甲方？ ········· 8
  1.6 谁是我们的乙方？ ········· 11
  1.7 小结 ········· 12

第2章 企业安全工作的着眼点 ········· 13
  2.1 解决实际问题 ········· 14
  2.2 标准的意义 ········· 16
    2.2.1 风险评估 ········· 16
    2.2.2 ISO 27000 ········· 17
    2.2.3 等级保护 ········· 21
    2.2.4 如何面对合规？ ········· 21
  2.3 如何协调资源 ········· 22
    2.3.1 要什么？ ········· 22
    2.3.2 怎么要？ ········· 23
  2.4 安全团队在企业中的几个身份 ········· 24

  2.4.1 能力的提供者 ········ 24
  2.4.2 一类问题的解决者 ········ 25
  2.4.3 服务+协作者 ········ 26
 2.5 小结 ········ 27

技 术 篇

第 3 章 攻击面管理 ········ 31
 3.1 什么是攻击面？ ········ 32
 3.2 为什么攻击面管理很重要？ ········ 33
 3.3 发现攻击面 ········ 34
 3.4 管理攻击面 ········ 35
 3.5 小结 ········ 37

第 4 章 漏洞管理 ········ 39
 4.1 漏洞管理和漏洞扫描的区别 ········ 40
 4.2 漏洞扫描产品现状 ········ 42
  4.2.1 开源 ········ 42
  4.2.2 商用 ········ 43
  4.2.3 自主研发 ········ 43
  4.2.4 漏报和误报的选择 ········ 43
 4.3 漏洞扫描、渗透测试、攻防演练 ········ 44
  4.3.1 三者的区别 ········ 44
  4.3.2 攻防演练 ········ 45
 4.4 漏洞管理体系的设计与实现 ········ 47
  4.4.1 资产发现 ········ 47
  4.4.2 漏洞发现 ········ 49
  4.4.3 漏洞处理 ········ 51
  4.4.4 数据分析 ········ 53
 4.5 漏洞管理的进阶玩法 ········ 54
 4.6 软件安全开发周期 ········ 55
  4.6.1 培训 ········ 56
  4.6.2 要求与设计 ········ 56
  4.6.3 实施与验证 ········ 57
  4.6.4 发布与响应 ········ 57
 4.7 小结 ········ 57

第 5 章 主机安全 ········ 59
 5.1 基线管理 ········ 60
  5.1.1 基线治理过程 ········ 60

5.1.2 常见基线要求 61
5.2 主机安全类产品 65
5.2.1 OSSEC 介绍 65
5.2.2 商业产品 65
5.2.3 企业的选择 66
5.3 小结 67

第 6 章 威胁管理 69
6.1 威胁检测产品现状 70
6.2 威胁感知系统建设思路 71
6.2.1 数据获取 72
6.2.2 策略集 72
6.2.3 能力输出 74
6.3 小结 78

第 7 章 应急响应 79
7.1 准备阶段 80
7.1.1 应急预案 80
7.1.2 应急工具 81
7.1.3 内部资料/数据 81
7.1.4 情报 81
7.2 执行阶段 82
7.2.1 有思路 82
7.2.2 有办法 82
7.3 收尾（复盘）阶段 83
7.4 建设阶段 84
7.5 一些思考 85
7.6 小结 86

第 8 章 安全服务 87
8.1 常见问题 88
8.2 对甲方的要求 89
8.3 常见的安全服务 91
8.3.1 脆弱性治理类 91
8.3.2 威胁检测类 92
8.3.3 培训类 93
8.4 安全服务的成熟度模型 93
8.5 安全外包管理 94
8.6 小结 95

第 9 章 重要保障期 97

9.1 重保的几种类型 ·· *98*
9.2 重保的常规姿势 ·· *98*
9.3 其他需要注意的问题 ··· *100*
9.4 小结 ·· *101*

第10章 业务安全 *103*
10.1 内容安全 ··· *104*
    10.1.1 内容异常的几种情况和面临的问题 ·· *105*
    10.1.2 内容安全的整体思路 ·· *106*
    10.1.3 内容安全面临的一些问题 ·· *114*
10.2 数据安全 ··· *115*
10.3 风控 ·· *118*
10.4 办公安全 ··· *118*
10.5 小结 ·· *120*

运 营 篇

第11章 安全运营综述 *123*
11.1 安全技术落地及顺利运转 ·· *124*
11.2 纵向与横向沟通 ·· *126*
11.3 安全团队建设 ·· *126*
11.4 小结 ·· *127*

第12章 安全技术运营 *129*
12.1 安全技术运营的五个关键指标 ·· *130*
12.2 脆弱性治理 ·· *130*
    12.2.1 覆盖率 ·· *131*
    12.2.2 准召率 ·· *131*
    12.2.3 复发率 ·· *132*
    12.2.4 时效性 ·· *132*
12.3 威胁检测 ··· *134*
    12.3.1 覆盖率 ·· *134*
    12.3.2 准召率 ·· *136*
    12.3.3 时效性 ·· *138*
12.4 防御能力 ··· *139*
    12.4.1 覆盖率 ·· *140*
    12.4.2 召回率 ·· *140*
    12.4.3 时效性 ·· *141*
12.5 安全技术运营指标的应用 ·· *141*
12.6 小结 ·· *143*

第 13 章 非技术运营 · · · · · · 145
13.1 员工态势 · · · · · · 146
13.1.1 入职前：筛选与背景调查 · · · · · · 146
13.1.2 在职期间：安全教育 · · · · · · 147
13.1.3 在职期间：员工安全监测 · · · · · · 149
13.1.4 离职脱敏 · · · · · · 150
13.1.5 外包人员管理 · · · · · · 150
13.2 合规管理 · · · · · · 150
13.3 SRC 运营 · · · · · · 152
13.4 安全情报 · · · · · · 155
13.5 小结 · · · · · · 157

第 14 章 其他问题 · · · · · · 159
14.1 常规安全产品 · · · · · · 160
14.1.1 边界防御（FW/NGFW/IPS/WAF） · · · · · · 160
14.1.2 DDoS 防御 · · · · · · 162
14.1.3 安全检测 · · · · · · 162
14.1.4 安全云 · · · · · · 163
14.1.5 EDR · · · · · · 163
14.1.6 微隔离 · · · · · · 163
14.1.7 身份认证 · · · · · · 164
14.2 常见安全岗位和知识体系 · · · · · · 164
14.3 常见安全框架/模型 · · · · · · 166
14.3.1 纵深防御 · · · · · · 166
14.3.2 安全滑动标尺 · · · · · · 167
14.3.3 零信任网络 · · · · · · 168
14.3.4 ISMS、ISO 27001 与 PDCA · · · · · · 168
14.3.5 重检测，轻防御 · · · · · · 169
14.4 经常遇到的问题 · · · · · · 169
14.4.1 ACL 与流量镜像的关系 · · · · · · 170
14.4.2 漏洞扫描避开特殊系统 · · · · · · 170
14.4.3 小团队，大梦想 · · · · · · 171
14.4.4 如何汇报工作 · · · · · · 171
14.4.5 发现入侵事件如何处理 · · · · · · 173
14.4.6 AI 与安全如何结合 · · · · · · 174
14.4.7 量子计算是否需要担心 · · · · · · 174
14.5 推荐书籍 · · · · · · 176

思 路 篇

国内安全行业相比其他技术领域起步较晚,很多安全从业者都是半路出家。而"出家"的推动力一般都是救火,无论甲方还是乙方,安全圈的老手们很多都是老牌救火队员。随着信息安全对企业的重要性日趋突出,越来越多的企业成立专职的安全团队,大量新人涌入这个行业,也有越来越多信息安全科班出身的毕业生进入职场。这种状态下,安全从业者不能再像以往一样猛打猛冲,而更多地需要冷静下来,客观地看待企业所面临的安全风险,有计划、有体系地推进安全工作。本篇就从基本视角切入信息安全领域。

第 1 章
基本思路

目前，大量非互联网企业的 IT 资产已经相当庞大，同时又没有（或不需要有）很强大的安全开发团队，这种情况下，企业安全团队更需要做的是了解市场行情，把握技术方向，掌控各项工作的进度，最终为自己供职的企业提供一个安全的运行环境。更多时候，企业对安全团队工作的评判标准就是效果，而不是技术。当然，技术是非常重要的，但很多安全团队过于专注技术而忽略了对企业安全运行效果的把控，这是一个需要安全团队的管理者重视的问题。另外，安全团队在企业中要找到自身的立足点，也就是价值，这是安全团队生存的基本合理性的来源。

1.1 安全团队的价值

了解企业安全工作的第一步是要认识到安全团队对企业的价值，我们自己理解了才有可能进一步影响别人。

企业的安全团队是不可替代的！

自建安全团队费时费力，为什么不把安全服务外包给专业的安全公司呢，这是企业安全团队经常会遇到的问题。首先，我们完全不否定安全服务外包的价值，但是如果安全服务全面外包会产生如下问题。

1）屁股决定脑袋。在绝大多数情况下，安全服务商会根据甲方的情况和要求执行标准的安全服务。如果甲方没有安全团队，对于安全服务商来说，甲方内部的情况和要求就会比较模糊。对应的，执行层面也难免出现偏颇。

2）出于成本考虑，任何安全服务商都会用成本最低的方式满足甲方需求。如果甲方没有一个专职且专业的安全团队，就给安全服务商一个降低成本的诱惑。正如马克思在《资本论》中所描述的："如果有百分之二十的利润，资本就会蠢蠢欲动；如果有百分之五十的利润，资本就会冒险；如果有百分之一百的利润，资本就敢于冒绞首的危险；如果有百分之三百的利润，资本就敢于践踏人间一切法律。"

这里没有道德和品质的问题，这是资本的基本性质，尤其对于面临很大生存压力的商业公司来说，甲方完全没有安全团队就相当于你用 100% 甚至 300% 的利润率来引诱服务商来践踏我们签署的合同。

再次重申，上述两点的论述并不是在否认安全服务商的价值，而是说甲方安全团队是不可替代的。关于甲方安全团队和安全服务商的关系，本书的第 8 章中会有详细的阐述。

1.2 企业安全管理是"二级混沌系统"

笔者在与朋友闲谈的时候经常将企业安全工作和保险业类比，相似之处都是想办法让我们的服务对象在风险尚未到来的时候投入一定的资源去控制它。但企业安全团队的命运要更悲惨一点，因为我们的工作效果更难评估。

举个例子，对于重疾保险来说，一旦出现相应的疾病就意味着有了一个结论，没买的后悔，买了的庆幸。而且这些都可以当成下一次销售保险的案例，因为这些都是很明确的结论。但是企业安全团队面对的应该算是一个"二级混沌系统"，什么是"二级混沌系统"？我们引用《人类简史》中的描述简单介绍一下。

"混沌系统分成两级，一级混沌指的是'不会因为预测而改变'。例如天气就属于一级混沌系统。虽然天气也是受到无数因素影响，但我们可以建立计算模型，不断加入越来越多的因素，让天气预报也越来越准确。至于二级混沌系统，指的是'会受到预测的影响而改变'，因此就永远无法准确预测。例如市场就属于二级混沌系统。"比如我们如果预测房价会下降，人们就会持币观望，但这种持币观望的现象会让房价进一步下降。也就是说预测会影响结果。

保险销售与否与被保人是否出险（或是否生病）没有直接关系，所以保险销售还算是"一级混沌系统"。再来看看我们的安全工作，安全团队通过各种手段预测或治理了攻击行为，会产生下面两种情况。

一种情况是，没发生任何安全事件，可能是我们的处置行为提高了门槛，阻挡了各种攻击行为。也有可能是没有任何攻击行为，所以防御手段都浪费了。

更有可能的情况是，安全团队布置的防线被手段更高明的入侵者突破，系统还是遭受了攻击。企业的安全建设行为会影响攻击者的攻击手段。也就是说，安全团队努力地提高入侵门槛，会导致外部入侵者行为的变化，从而采用其他方式攻击系统。

1.3 企业安全是"极端复杂问题"

复杂性科学将世界上所有的问题分为三类，简单问题、复杂问题和极端复杂问题。

简单问题类似于做蛋糕、装配手机或者组装电脑。这些问题的共同之处是有标准答案，而且一般人经过训练获得成功的可能性是非常大的。

复杂问题类似于制造并发射火箭的问题。这类问题是由一系列简单问题组成的，组合这些简单问题和解决这些简单问题的团队是其复杂性的来源。

极端复杂问题，很多人举的例子是养育子女。因为这听起来很奇怪，世界上能造出火箭的团队非常少，但养育孩子的"团队"比比皆是。但是，对于制造火箭来说，一旦攻克了一类火箭的制造技术，其他类型的火箭与之相似程度是非常高的。而养育子女的过程中不确定性更大，涉及遗传、环境、性格、教育资源等多个因素的影响。所以，就算一对父母成功养育了一个子女，也不能保证能养育好其他子女或别人的子女。

与之相似，企业安全工作的不确定性主要受企业性质、资金状况、企业文化、市场情况等多个因素影响。安全团队推进工作需要适应企业的基本情况，就算企业挖来一个非常有经验的安全负责人，也无法照搬之前企业的经验，所以企业安全可以算是一个"极端复杂问题"。

1.4　如何引起重视？

企业信息安全是一个"极端复杂"的"二级混沌系统"，企业安全团队所要解决的绝不仅仅是技术问题。所以想要做好安全工作，需要投入很大的精力，安全团队需要得到公司决策层的大力支持。而在企业中，决策层的支持是稀缺资源，我们不能躲在角落静等企业高层的主动关注。

保险销售人员的工作是把他的产品销售给客户，而企业安全团队成员（尤其是团队负责人）的责任是要将自己的能力、团队甚至理念销售给企业。

我们在前文提出了一个观点：企业的安全团队是不可替代的！但是这个观点并不是说给安全从业者们听的，因为他们就是企业自建安全团队的受益者，就算意识不到这一点，也完全没问题。更应该理解这个观点的其实是企业的决策者。

问题来了，企业安全团队如何让高层意识到自己的不可替代性？在企业中没有哪个部门会跟高层说自己是不重要的，在所有人都在宣称自己很重要的时候，安全团队应该怎么做？我们将企业内部环境分为如下四种情况，分别展开讨论。

第一种是最差的情况，企业的管理者对网络安全完全没有概念，认为安全事件根本就不是问题，就算有问题运维团队顺手就干了。

正常情况下，笔者不建议安全从业者就职于这类公司，这也是为什么我们将这类企业环境归结为最差的情况，但并不能确定没有信息安全从业者就职于这类企业，所以我们还是要探讨一下。一般来说这种情况下，企业往往没有什么实际的安全压力，否则也不会完全不重视。所以，我们仅仅是举别人的例子，讲可能存在的风险是很难打动管理层的。如果我们要在这类企业中凸显安全的重要性，建议从如下几个层面开展。

1）找到企业安全问题，如果自己能力不足，可以动用一些个人关系和厂商的资源（如果需要挖漏洞，需要注意授权问题）。

2）归纳总结，然后把这些问题和企业的实际损失挂钩，比如中了挖矿病毒会造成IDC资源的消耗有多少，最好能直接与经济损失挂钩。

3）将这些问题择机向高层提出，注意是"择机"。如果提出这些敏感问题的时机不对，结果可能适得其反。

第二种情况是管理者清楚安全的重要性，但认为这并不是第一要务，团队可以有，但不需要很大的团队，花钱也不能多。

目前在行业内这类情况还算比较多的，简单来说就是领导们想支持你，但不想让你折腾得太"猛"。这种情况下，安全团队要紧贴业务，千万不能沉迷于自己的技术优势。公司管理层的职责是让公司生存下去，而不是让你展现你的技术实力。我们要让自己的技术成为业务发展的助力，而不是绊脚石。这话说起来简单，具体执行起来还是很难的。笔者的一位好友曾经在某大型互联网公司的做法就很值得借鉴：

首先,给业务划定一个安全范围,在这个范围内,用各种办法保障业务安全,给业务野蛮生长的空间。其次,同样用各种手段巡查是否有"出圈"的情况。第三,调整这个"圈",使它不断适应业务的发展。

大家是不是想起了《西游记》?是的,孙悟空的那个圈就是安全范围(见图1-1),唐僧出圈后遇到危险,悟空当然要去解救,但没人会觉得这是悟空的问题。责任问题在《西游记》里不是重点,但在企业中把责任分清楚的重要性不言而喻。如果悟空具备互联网企业产品经理的思维模式,这个圈就应该能自动伸缩,用户体验会更好。

●图1-1 孙悟空的"安全圈"

第三种情况是企业确实面临着严重的安全问题,比如:被"薅羊毛"、数据丢失等。这种情况往往是前期比较好做,毕竟有具体的问题需要解决,要求安全团队有比较强的解决实际问题的能力,无论是产品选型还是自主研发,需要的是快速、经济、准确地解决问题。只要不出大问题,这个阶段会是安全团队和管理层的"蜜月期"。但后期如何深入体系化建设是个问题,在这个阶段建议安全团队的管理者要思考这些具体问题解决后,安全团队的定位。

第四种情况是管理层能很好地认清形势,给安全团队比较大的支持。这种情况确实有利于安全团队开展工作,很多事推动起来也比较顺利。但是与对行业形势和安全态势都比较了解的管理层沟通,安全团队更要展示出自己的技术能力和大局意识,同时要更多地和高层沟通,明确方向。这无疑给安全团队负责人提出了很高的要求,团队成员也需要调整自己在团队中的定位,从而给团队负责人提供更多的支持。

以上是笔者总结的几种情况,不一定覆盖所有可能性,因为每个企业都有自己的行业特点和团队面貌。所以,每个人都要根据自己的实际情况选择适合的对策。但无论处于何种情况,要得到高层的支持,需要频繁沟通,同时,对于日常工作或项目进度要有市场的成果展现。成果的展现主要分两个维度,一个是时间维度,另一个是成果维度。

所谓时间维度,就是在一个较长线的工作中,要适当地展现阶段性成果。笔者比较反对"憋大招"的做法,这会让公司高层对你的工作很没底。一定要有阶段性的产出物,并及时展现或汇报。除非有些工作就是要制造惊喜效果,但这类工作想必不会很多。

所谓成果维度，就是对于那些工作很难量化成数据或者没有具体展现的工作成果，要适当寻找展现机会。这就对安全团队的管理者提出了较高的要求，团队管理者要具备足够的产品思维，能把安全团队的成果转换成可量化、甚至可见的产品级输出。对内产品级的输出并不需要像安全厂商一样有非常成熟的产品成熟度，但也不要将系统设计得太过技术，一个友好的人机交互界面是非常有必要的。安全团队负责人应该考虑从多个维度展现工作成果，甚至把这种思想深入骨髓，研发产品的时候、工作汇报的时候、日常闲聊的时候都应该找机会把安全团队的工作价值体现出来。关于汇报工作的具体方法，本书第14章将详细论述。

最后，因为近年来国家对网络安全越来越重视，所以从合规的角度来说服领导也是非常重要的，合规方面的内容将在第2章介绍。

1.5 谁是我们的甲方？

有些在厂商或集成商工作的朋友，跳槽到甲方之后会有"翻身做主人"的感觉，这种感觉在短期内会非常美妙。有人会有求于你，有人想谈合作，最平常的技术交流也会让你在不知不觉中有被尊敬的感觉。如果你也有类似的感觉，一定要警惕。笔者认为，职场本质上是一个协作链条，不管在哪工作都有自己的上游和下游。在甲方工作，谁是我们的甲方呢？

答案似乎很明显，当然是我们的直接主管了。没错，但还不仅仅是这样。安全团队在甲方内部本质上是一个服务团队。在这点上，我们应该多向安全服务商学习。事实上我们的甲方是运维&开发部门、运营等业务部门，甚至是公司全员。下面分别看看这些甲方的视角和诉求。

1）运维&开发：我们用运维&开发来泛指技术相关部门，这是安全团队打交道最多的部门。这些部门的人懂技术，在有些问题上沟通起来很方便。但是出于利益诉求、工作方式甚至思考方式的不同，多多少少都有些对抗的味道。

2）运营等业务部门：这些部门虽然不是技术部门，但是很多工作都与安全相关，比如对抗"羊毛党"、数据防泄露等。也就是说，安全团队的工作直接影响这些团队的工作效果，甚至业绩。按理说，安全团队和这些业务部门的知识体系互补，应该配合默契才对，但是经常出现的情况是，出于思考习惯和工作习惯的不同，技术部门与非技术部门的沟通会存在壁垒。

3）全体员工：从广义角度来说，安全团队应该对公司全员的安全行为负责，从最基础的弱密码、不锁屏，到盗取数据、恶意破坏。这需要意识上的培养、技术上的威慑和关系上的保持。分别解释一下：意识培养大家都在做，但是想做好非常困难，从管理制度到各类培训都是培养安全意识的手段，也是让公司员工理解安全工作的方式；技术的威慑指的是要让全员知道安全团队的能力，比如任何员工对数据做了异常的查询，安全团队都可以第一时间发现，虽然很多情况下经过询问都是正常行为，但这对所有员工是一个威慑，告诉所有人,我们有意愿也有能力保障公司的数据安全;关系保持简单地说就是"打感情牌",与公司员工保持一个良好的关系,可以为安全团队争取支持打下良好的群众基础。

有没有发现,在甲方做安全工作面对的"甲方"实际上更多了,数量不一定多,但人群的种类变多了。安全工作在内部推广不利,主要的原因就是由于诉求、视角和认知等方面的不同产生的一些对抗情绪。

笔者梳理了对内减少对抗情绪的几个层面的工作,即制度保障、客观评估和安全运营,这三个维度的工作逻辑如图 1-2 所示。

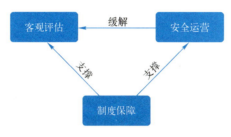

● 图 1-2 减少对抗情绪的三个层面

1. 制度保障:所有工作合法性的来源,为了师出有名

安全管理方面的工作无论怎么做,都不可能脱离管理制度。脱离制度保障,任何安全工作都师出无名。但制定过信息安全管理制度的朋友们肯定知道,按照标准搞一套管理制度,是一个相当庞大的文档集。就算是安全部门的工作人员也不太可能把所有文档阅读一遍,更不用说充分理解了。

这方面工作,可以借鉴国家对法律的宣传方式。国家的法律更是一个宏大的文档体系,不是所有公民都能充分理解的,但我们经常能遇到的场景还是知道的,比如:杀人放火、小偷小摸、打架斗殴都是不同程度的违法行为。这得益于各类媒体对各类案件的宣传。参考这类方法,可以进行以下尝试。

1)全套的制度文档建设,这是基础,遇到任何问题都要从这些文档找到合理依据或违规依据。

2)根据实际经验提炼出大部分员工经常能遇到的一些场景,再对应出相关条款进行重点宣传。

3)通过一些运营手段,对上述场景进行宣讲,加深理解(安全运营方面的工作会在运营篇中展开探讨)。

2. 客观评估:公平、公正、公开的评估体系

安全团队日常工作中,很多事都需要跨部门协调,有些事情催得急了对方反感,不催的话安全风险又迁延日久。这就需要"客观评估"手段做辅助,简单说就是将系统某个(或者所有)维度的安全评估充分量化,以此督促相关部门的支持和整改。需要注意的是,这个评估的标准最重要的不是准确,而是客观和公开。

就拿漏洞通告来说,我们可以对各系统的安全风险进行综合评估(元素包括:漏洞数量、威胁程度、修复超时时间等),然后得出一个安全评分,或者各种维度的排名。这本身没什么稀奇的,但重要的是,排名规则要公开透明,让相关负责人知道如何能降低风险,也要让其知道自己业务的安全排名为什么是目前的水平。

有一个客观的评价后,这个排名就可以在公司内比较显眼的地方实时显示,既起到督促修复漏洞的作用,又避免了各业务对安全部门的质疑。因为评分标准是公开的,任何人都可以算出来。

3. 安全运营:增强意识,互相理解

本书运营篇还会展开讨论安全运营的相关工作,但为了逻辑的完整性,本段简单介绍一下安全运营的一个维度的工作:安全意识提高。

笔者团队于2018年年初启动了全面的安全意识宣教工作,主要是希望安全工作能得到全公司的领导和员工的重视。打个比方:如果你知道7·21北京特大暴雨事件,再到暴雨天就不会开车到低洼处(规避安全风险),也不会因为要在车里准备破窗锤而感到厌烦(增加应急处置手段)。

同样的道理,我们通过各类可以提高安全意识的活动,让大家对安全风险有一个直观的认知,尽可能理解安全部门相关工作的意义,在日常工作中也能主动规避一些风险。

总体来说,由于职责不同,安全团队和这些"甲方"之间难免会有摩擦,本质上是一个博弈过程,但博弈也有三种方式:零和博弈、负和博弈和正和博弈。

零和博弈是大家最熟悉的概念,是指在博弈过程中,一方获得利益的同时必然意味着另一方遭受损失。在安全工作中业务部门修补了漏洞(安全性+1),就延缓了上线时间(业务影响-1);反之带着漏洞上线(安全性-1),可以让业务尽早上线(业务影响+1)。无论哪种情况,总体收益都是0。

负和博弈指双方在博弈中由于冲突导致双方利益都有损失,是两败俱伤的结局。在安全工作中,如果安全部门和业务部门相互推诿,既耽误了上线时间(业务影响-1),又没有保证安全性(安全性-1),总体收益就是-2。

正和博弈是指博弈双方通过机制上打破封闭系统,使得整体收益大于0。我们还拿漏洞管理举例,安全部门和业务部门经过协商,在业务需求比较紧急的情况下,可以带紧急级别以下漏洞上线,但需要配合更严格的安全防护机制。上线后,安全团队负责监控外部威胁,及时封堵;业务团队尽快完成漏洞修复。这种情况下就尽可能地保证了安全性和业务需求,总体收益大于0。

对于漏洞管理的举例只是个简化的场景,实际工作中会有更多不确定因素参与其中,但总体思路上,需要尽量争取正和博弈、保持零和博弈、避免负和博弈。笔者认为这不仅仅是安全工作的技巧,也是日常处事的技巧。

1.6　谁是我们的乙方？

企业安全团队经常会与各种安全厂商和服务商打交道，我们的乙方当然是他们，但笔者认为这个答案也不全面。

我们的乙方不仅是安全厂商和服务商，还应该包括公司内部的支持部门，如研发（需要其为安全团队完成一些研发工作）、运维（需要其帮助安全团队管理基础资源），甚至采购、人力、财务、综合部等职能部门。有人可能会问，像采购、财务这种"权力"部门也能算乙方？借鉴百度百科的解释：乙方一般是劳务方，也就是负责实现目标的主体。关键词是"负责实现目标的主体"，上述的这些部门和企业都是协助我们实现目标的主体。对于这些"乙方"需要采取不同的态度与之相处。

对于公司外部的乙方，一般来说都有合同约束，所以一些工作执行起来还是比较顺利的。对安全团队来说需要注意的事项包括以下两个方面。

（1）对合同内容的执行

比如一些硬件采购的项目，选型、采购、测试、部署、上线这类工作应该是所有技术人员的强项。

（2）相对灵活内容的灵活把控

所谓灵活内容就是无法在合同中约定的内容，比如漏洞扫描服务、安全数据分析服务等。这些工作内容很难在合同约定时就明确漏洞挖几个可以验收，还是分析出多少个安全事件可以验收。这需要甲方安全团队灵活掌控。

对于公司内部的"乙方"，绝大部分都不会有合同约束，甚至有些连分工界面都不一定清晰，所以安全团队要更重视与内部的协作。

（1）尽量弄清分工界面

虽然实际工作中我们很难把分工界面划分得滴水不漏，但这不代表不去处理分工界面的问题。比如：安全研发的需求和实现之间的界面，项目执行规程中需求和采购的界面等。这些都是需要我们在相关工作执行前就充分讨论的，而且一定要有邮件确认。

（2）自己的事情自己操心

无论分工界面多么清晰，自己的事情最后还是要自己操心。比如：安全人才难招就不要把压力都压给人力，自己也要积极地去圈子里找人；安全研发工作不要把压力都压给开发，需求根据实际情况调整也是很必要的；自己负责的项目执行要积极推动职能部门去完成相关流程，不要"事不关己，高高挂起"。

（3）得理也要"饶人"

在有些工作上，协作团队难免出现疏忽，这时无论他们的失误对自己造成多么难受的局面，最好不要穷追猛打（除非特殊需要），留着这份交情总比结仇要好得多。要记住，企业安全工作需要的协作远比其他技术部门要多得多！

1.7 小结

企业安全工作与几乎所有技术工作都不一样,工作的涉及面实在太广,不懂技术是不行的,而只懂技术是不够的。就算企业安全战略不能自上而下(这不由安全团队掌控),安全从业者的视角也要自上而下。本书后面的章节将从各个方面论述安全工作的点点滴滴,让我们正式进入企业安全的世界。

第 2 章
企业安全工作的着眼点

在你进入一个企业负责全局（或某项）安全工作之前需要首先明确着眼点，也可以说是切入点。从一个正确的方向切入工作会达到事半功倍的效果，否则很可能吃力不讨好，甚至能力也会被人质疑。笔者认为一般情况企业安全工作都是从"痛点"和"合规"两个维度开展，所谓痛点就是解决"企业的实际问题"，合规自然就是"等级保护""ISO"之类的标准。

2.1 解决实际问题

相信绝大部分企业组建安全团队不会仅仅为了组建而组建，我们站在企业管理者的角度思考一下为什么要组建安全团队？

一定是有问题需要这个团队来解决。这看似是句废话，但是继续深究呢？所有在甲方工作的安全工程师或主管，是否非常明确公司组建这个团队最想解决的是什么问题？这个问题会不会随着形势的变化而变化。之前提到过，企业安全工作是一个二级混沌系统，这类系统的最大特点就是不断变化，而且是随着你的行为而变化。

所以，对于安全团队来说，最大的考验不是一次性识别核心问题，而是不断更新这个（或这些）问题。

设想这样一个场景：

刚接手安全工作的时候几乎每天都会遭受 DDoS（分布式拒绝服务攻击），这个阶段的核心问题就是解决 DDoS 攻击，让企业的 IT 系统可以正常工作。在经过一番艰苦卓绝的工作之后，DDoS 的问题基本解决了。这个时候发现，虽然网站运行情况非常好，但是"羊毛党"来了，所有运营支出都被人薅走，这个阶段的核心问题就变成了对抗羊毛党。又一番艰苦卓绝的工作之后羊毛党的问题也基本解决，薅网站"羊毛"的成本已经高于平均水平很多了。这个时候发现几个黑产都在盯着公司的数据，甚至在暗网中有人兜售我们的数据，第三个任务又来了……

如上所述，如果系统每天都在 DDoS 中挂掉，就根本不涉及薅"羊毛"的情况，但是薅羊毛和数据窃取是可以并行的，这说明了核心问题可能不止一个，很多时候需要多线作战。

上述这个例子还算是比较好的情况，还可以通过一些具体的安全事件明确核心问题在哪，但我们如何确定运营经费被"羊毛党"薅走了？数据要是不在暗网上兜售，而是通过其他更隐秘的方式交易，我们如何发现这些行为？所以，识别核心问题并没有想象中那么简单。但这是安全工作的第一步，也是安全团队存在的基础。有些安全团队完全是为了救火而创建的，这类团队在初期就规避了这个问题，但在初期的问题解决之后，还是要找到下一步切入点。总体来说，识别企业核心问题可以从如下几个方面入手。

（1）对标同行

尽量多与同行交流，他们面临的问题很可能是你可能遇到，或者是遇到了还不知道的问题。即使你在圈子里没有那么多人脉也没关系，现在很多安全媒体已经做得非常好了，可以多关注这些媒体的报道，这是一个经济、快捷的渠道。

（2）贴近业务

如果你所在的行业比较冷门，甚至是涉密的，安全团队就不能再只埋头研究技术。用更多时间了解你所在企业的业务，跟业务专家一起分析系统的风险在哪。这时如果你的团队有良好的群众基础就有了非常大的优势。

（3）参考标准

安全行业内有很多标准可以参考，如 ISO 27000、等级保护等（标准的话题在 2.2 节会展开讨论）。参考标准的意义是提供一个更全局的视角，标准的描述是宏观的、概括的，读者可以根据自己企业的情况对标标准的描述，从而找到自己需要关注的核心问题。

识别出核心问题后，下一步就是解决这些问题。解决的过程可以归纳为分步实施，逐步解决，先到及格，再到优秀。

如果要解决 DDoS，最直接的就是先买服务，不管是运营商的还是云厂商的，先保证服务正常，再考虑自己是否囤积带宽研发抗 D 平台，或者采购抗 D 产品。

如果对抗"羊毛党"，前期可以先用商业反垃圾的接口，让这方面的防御能力达到一个及格线，然后再根据企业的实际情况组建研发团队，研发自己的识别能力，从而进一步提高门槛。

如果做威胁感知，前期可以直接采用开源分析模型或商业产品实现标准场景的分析，让安全分析能力也达到一个及格线。然后再根据应急事件实现对定制化场景的分析。

这种阶段性步骤也支撑了前文提到的阶段性汇报工作的需求。当然，每个企业的实际情况都不一样，不能生搬硬套。有的企业可能强调自主可控，宁可扛一段时间，也不会直接采购商业产品或服务。出现这种情况一般来说无非有两种可能，要么这个痛点还不够痛，可以忍；要么就是企业认为组建团队的目的就是自主解决问题，如果采购安全产品还要安全团队做什么？

对于前者，安全团队负责人的任务就是快速启动研发，从简单的环节入手逐步解决问题。

后者的情况比较复杂，这种情况下安全团队负责人需要与公司管理层深入沟通，陈述自己方案的合理性。比如，"商业产品只是整体方案的一部分而非所有，而且从目前每天的损失来看，前期采购的成本远小于等待研发这个时间窗口的损失。"这就要求负责人有较强的沟通能力。

如果能顺利到达实施阶段，相信这个阶段是很多技术团队的舒适区。但舒适区往往意味着危险。这个阶段最容易陷入某个细节出不来。我们要做的是低头走路的同时要抬头看路，所有的技术手段都是为了实现一个终极（或阶段性）目标，任何偏离了目标的技术路线，再好都是不完美的，甚至是错误的。这里不是要求僵化地按照预先制定的技术路线前进，而是在某些细节上可以有很多灵活的方案，但总体目标一定要符合企业利益。其实笔者在制定某些目标的时候，就会提出相对模糊的目标，留给技术人员发挥的空间，但是一定要在可控范围之内。

2.2 标准的意义

2.1节探讨了从找到安全工作的着眼点开始,到进行第一项安全工作的基本过程。这种有很强针对性的工作对大家来说是比较熟悉的,但安全工作是一个很复杂的体系,如果采用逐个问题逐个解决的方式,很难从救火队员的身份中脱离出来。这时就需要一个更高层、更全面的指导思想,指导我们从宏观的视角审视企业的安全建设,这个指导思想就是标准。

事先声明一下,本节对标准的介绍不会非常全面,因为那样会很枯燥,本节的文字旨在激发兴趣,让大家在相对轻松的氛围下了解相关标准的作用和架构,对这些标准有一个基本的认识,从而不那么抵触阅读它们。

笔者曾经参与过一些标准的评审工作,这项工作让我受益良多。因为我发现作为标准,要考虑普适性和全面性的问题,遣词造句要高度精练和概括。但正是这种精练和概括,阻碍了大家阅读标准的热情。一份ISO27001文档才多少字,大家阅读起来却如此难受。但看看金庸先生的作品,《射雕英雄传》101万字、《神雕侠侣》118万字、《倚天屠龙记》117万字,大家阅读起来完全没觉得长,反而有点意犹未尽。笔者一直有个梦想,就是把标准的内容改写得通俗易懂。

言归正传,下面介绍几个最常使用的标准,以及该如何看待合规。

2.2.1 风险评估

风险的定义是:威胁利用脆弱性对资产造成损害的可能性。看着比较绕吧,那我们先提炼三个关键词:资产、脆弱性、威胁。

风险评估其实是一个很大的概念,本节讨论的是信息安全风险评估,属于企业IT风险评估的子类,所以本节定义的范围都是与网络安全相关的场景,其他方面不做讨论。

比如资产,在此先不讨论广义的资产概念,本节所指的资产的概念包括:最基本的软硬件资产、数据资产,以及人员、知识产权等。

那么脆弱性呢?百度百科的解释是这样的:"脆弱性又称弱点或漏洞,是资产或资产组中存在的可能被威胁利用造成损害的薄弱环节,脆弱性一旦被威胁成功利用就可能对资产造成损害。漏洞可能存在于物理环境、组织、过程、人员、管理、配置、硬件、软件和信息等各个方面。"下面进行一个简单的类比。

对于人来说,如果我很瘦弱,我的弱点就是体力,你可以用武力来控制我。如果我是头脑简单四肢发达的人,我最大的弱点是智商,你就可以用语言来控制我。一个体系的脆弱性往往是可以被外部威胁利用的关键点。

第三个词:威胁。百度百科对它的解释是:"威胁指用武力、权势胁迫;使遭遇危险。"这显然不是特指的网络安全的威胁,不过稍作改动可以将其解释成:网络安全中的威胁指用各类（合规或违规）技术手段、非技术手段胁迫；使遭遇危险。

所谓的威胁就是外部要利用脆弱性的因素，也就是说，虽然头脑简单四肢发达是我的脆弱性，但我生活在一个非常理想的社会中，没人想着利用我做坏事，那么我再傻也没关系，因为威胁不存在。

把上述场景替换到网络安全相关的场景中：如果你的系统无法实现人机识别，这就是系统的脆弱性，那威胁就是恶意爬虫、薅羊毛的程序或人。也就是说如果没有这样的程序或人，也就不存在威胁，那就算有脆弱性也没风险了。什么情况下威胁不存在呢？答案是当你的资产没有价值的时候，当然这种情况基本上是不存在的。套用经济学中的需求原理，需求价格取决于物品对消费者的边际效益。也就是企业的资产对外部入侵者有效益的时候，入侵者就会付出一些成本（包括经济成本、时间成本、法律风险成本）去获取你的资产。而当获取资产的成本高于边际效益时，威胁行为就不会发生。

经济学的目标是不断降低交易成本，尽可能地促成交易，使市场繁荣。而安全工作的本质就是提高交易成本，尽可能地使入侵这种"交易"清零。

从上面的论述可以看到，安全工作既不是将脆弱性变成0，也不是将威胁变成0，而是动态的提高入侵成本（同样包括经济成本、时间成本、法律风险成本），使外界对系统内资产的感兴趣程度降为0。接下来将目光转回到风险管理上，在标准的体系中，对风险的应对有如下方式。

1）直接把风险处理掉，这肯定是最直接的，但是这就要考虑边际收益了。也就是说某个风险的处理如果代价极大但收益有限，我们就要考虑接受或者转移。

2）接受风险代表着我们对风险所带来的损失有明确的认识后选择承担这个风险，问题发生了就发生了，意料之内。

3）而转移相对比较复杂，在风险既无法直接处理，又不能简单接受的情况下可以选择转移风险。转移风险一般有两种选择：找愿意承受风险的主体将风险转移，或者找控制风险能力更强的主体将风险转移。风险转移的一个非常有效的方式是保险，目前网络安全行业保险的最大市场在美国，随着《通用数据保护条例》(General Data Protection Regulation，GDPR）的颁布，欧洲的网络安全保险市场也开始壮大，但在中国目前还非常少见。

以上我们弄清楚了什么是风险，也弄清楚了风险的处置方式。这里还少了一个中间环节，就是风险的评估，没有评估工作，风险自然无从谈起，更不要说处置了。

其实2.1节提到的对于核心问题的识别也是一种不成体系的风险评估，因为有些风险就是很容易评估出来的，但如果想更全面地认清系统面临的风险，就必须按风险评估的标准执行。

2.2.2　ISO 27000

ISO 27000的整体内容是面向策略的，概述了安全规划所需要关注的方向，其标准体系关系如图2-1所示。ISO的标准是通用的，这意味着我们不能拿来就用，而是需要安全团队在考虑企业实际情况的基础上，将其应用到企业的具体需求上。ISO 27001的目标就是以风险评估为基础,以 PDCA(Plan,Do,Check,Act)为方法论建立企业的信息安全管理体系。

2.2.1 节简单介绍了风险评估,风险评估是 ISO 27001 的基础,而 ISO 27001 则是 ISO 27000 系列标准的主标准。ISO/IEC 27001 的前身为英国的 BS7799 标准,该标准由英国标准协会(BSI)于 1995 年 2 月提出,并于 1995 年 5 月修订而成的。1999 年英国标准协会(British Standards Institution,BSI)重新修改了该标准。BS7799 分为两个部分:BS7799-1,信息安全管理实施规则;BS7799-2,信息安全管理体系规范。第一部分对信息安全管理给出建议,供负责在其组织启动、实施或维护安全的人员使用;第二部分说明了建立、实施和文件化信息安全管理体系(Information Security Management System,ISMS)的要求,规定了根据独立组织的需要应实施安全控制的要求。

● 图 2-1　ISO 27000 标准体系关系

我们把定义放在一边,先看看 ISO 27001 有什么用。

(1)获取资质

通过 ISO 27001 认证意味着企业从技术到管理都具备了一定的高度,所以很多甲方招标的时候都需要企业通过该认证。直白点说,ISO 27001 认证可以帮助企业在安全层面更具可信度。为了获取资质而需要通过该标准的企业,需要认真研读标准,并聘请专业的第三方公司来协助完成各类体系的建设,将通过认证作为最终目的。

(2)作为参考

在企业安全建设过程中总要有一些可以参考的标准作为基础,一方面告诉高层领导安全建设不是随便想出来的;另一方面也给安全体系设计者一个更全局的视角,让设计者不仅仅着眼于眼前的一些应急事件。把标准作为建设参考的情况下,需要对企业现状有更多的了解,也更有主见。因为企业安全建设的目的不是通过认证,所以可以舍弃那些我们认为并不重要的关注点。

既然 ISO 27001 是有用的,就要了解这个标准到底都讲了什么,因为笔者希望尽量让标准好读,所以下面的内容将略去一些术语定义、规范文件等章节,介绍 ISO 27001 主要章节的内容。

1）组织环境（ISO 27001 第 4 章）：这部分主要从内部和外部两个方面，介绍应该如何确定安全管理所需要确定的范围，以及确定这些范围的时候应该考虑的问题。

2）领导（ISO 27001 第 5 章）：这部分明确了安全组织应该得到领导层支持的承诺，并列举了承诺可能包含的内容；高层管理者制定安全方针可能涵盖的内容；还有很重要的，高层需要给安全管理者的职责和权限范围。

3）规划（ISO 27001 第 6 章）：从风险应对和安全目标规划两个层面对于安全风险识别、处置的目标和安全目标实现所需的关注点。

4）支持（ISO 27001 第 7 章）：从资源、能力（主要指信息安全专业能力）、意识和沟通几个方面做了宏观要求，同时给出了对上述信息的记录原则。

5）运行（ISO 27001 第 8 章）：明确要求了系统重大变更时要进行风险评估，同时对外包做出了宏观的要求。这部分内容原文很短，但却是整个安全落地的环节。

6）绩效评价（ISO 27001 第 9 章）：非常明确且简要地对监测的各个维度做出了要求，同时对内审所需要的材料做出了要求。

7）改进（ISO 27001 第 10 章）：在要求对不符合项做出纠正的同时，要求了不符合项不在其他时间或位置发生。笔者认为这是个非常重要的环节，我们在日常工作中经常会发现老生常谈的问题好像永远解决不了，这就是标准给我们带来的价值。

如果上面的简介能让你有兴趣去读一读 ISO 27001 原文，笔者将非常欣慰！但第一次读的感觉很可能是两个字——失望，你会感觉什么都说了，但也什么都没说。比如，组织和环境中关于"理解相关方的需求和期望"的描述只有两点：①与信息安全管理体系有关的相关方；②这些相关方与信息安全有关的要求。（注：相关方的要求可能包括法律法规要求和合同义务。）

是不是感觉什么都没说？是的，如前文所述，标准为求普适性和全面性而损失了可读性。我们在读这些标准的时候要有还原问题的能力。例如，"与信息安全管理体系有关的相关方"我们要还原的问题是：谁与安全管理体系相关？解答这个问题我们需要内部充分讨论，甚至头脑风暴，来列举这些相关方。内部列举得差不多了，再通过外脑来帮助我们审核所列内容的全面性，以及是否需要分阶段地将不同部门纳入这个范围。基本流程如图 2-2 所示。

● 图 2-2 标准落地基本流程

将标准落地意味着大量的工作，所以笔者认为对于 ISO 27001 这类的标准来说，仅仅停留在阅读层面是远远不够的。

PDCA 是 Plan（计划）、Do（执行）、Check（检查）和 Act（处理）的缩写。由于是戴明最早对这个理论进行宣传才使得 PDCA 在行业内获得广泛认可，所以这个循环框架又称为"戴明环"，如图 2-3 所示。ISO 27001 将这个方法论作为安全建设的基本方法论。

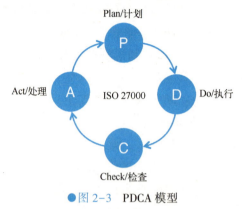

● 图 2-3　PDCA 模型

P（Plan）计划：包括从方针制定、目标确立到预算执行、实施规划等大量内容。也就是说前期规划性工作都在这个层面完成。

D（Do）执行：落地前期规划的内容，但在 Do 这个阶段还涉及 Plan 的工作，这在后文会解释。

C（Check）检查：执行结束后要客观评估执行结果，客观是关键，如果仅仅是写个报告邀功，这不是 Check。

A（Act）处理：处理（Act）和执行（Do）的区别是，处理（Act）的目标是检查结果，而执行（Do）的目标是计划（Plan）方案。

从图 2-3 可以发现，PDCA 是一个循环，但并不是一个平面的循环，每一个循环都代表着整体能力的提升。在执行 PDCA 时，团队负责人要关注这一点，如果每次循环都回到上一次的起点，那说明整体过程的执行是失败的，如图 2-4 所示。

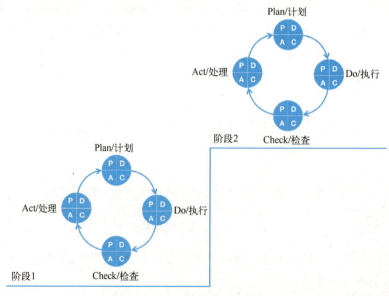

● 图 2-4　PDCA 嵌套及阶梯模型

2.2.3 等级保护

近年来我国对等级保护的要求越来越严格，尤其在《中华人民共和国网络安全法》（以下简称《网络安全法》）出台之后，很多安全管理者都面临着很大的压力。以前出现问题是工作失职，现在是违法。但这也给安全部门一个很好的机会，等级保护在某些企业中算是强制措施，这让安全团队可以通过等级保护合规建设给企业一个基础的安全保障。

等级保护共分为 5 级：前两级是系统遭到破坏后损害公民利益，但不损害国家利益的情况下可以评定的级别；后三级是系统遭到破坏后在损害公民利益的同时，不同程度地损害国家利益的情况下可以评定的级别。

等级保护的定级要由有资质的机构对系统进行定级并备案，而非由企业自主决定。但对于企业信息系统的保护是由企业自行组织资源进行的（自主保护原则），同时在同一个企业中不同的系统可以根据重要性不同定义成不同级别（重点保护原则），而且在系统的各种调整中要同步投入一定比例的资金，同步调整安全保障措施（同步建设原则），最后要根据系统类型的变化随时调整等级保护的级别（动态调整原则）。

《信息安全技术网络安全等级保护基本要求》GB/T 22239—2019（以下简称等级保护 2.0）于 2019 年 5 月 13 日正式发布。相比 1.0，等级保护 2.0 增加了可信计算、通报预警、安全监测、态势感知和应急处置等方面的要求，同时增加了工控系统、云计算、物联网和移动系统的要求。另外，等级保护 2.0 归并了 1.0 中的部分要求。

与 ISO 27001 不同，等级保护更偏重于落地。它通过 200 余项要求（三级等保 2.0 共 230 项）规范企业的安全措施。但这些检查项都不一定用同一种解决方案来满足，比如其中一条：网络安全—网络设备防护—身份鉴别信息应具有不易被冒用的特点，口令应有复杂度要求，并定期更换。

满足这条检查项简单的方案可以通过管理制度来要求各系统的长度、复杂度及口令更换周期，当然也可以通过单点登录系统，并在系统中强制上述规定，甚至采用多因素认证来一站式解决多个问题（包括等级保护中对多身份鉴别的部分要求）。

由此可见，每条等级保护的检查项都可能通过不同手段满足，每种手段也可以同时满足多条检查项，所以在等级保护合规建设时，我们要根据企业实际情况选择最具性价比的解决方案。

从另一个维度来说，等级保护并不强制要求系统满足所有检查项，只需"基本满足"即可，这给企业留下了充分选择的余地。但笔者认为，等级保护的要求是企业安全保障的基本要求。如果只想通过等级保护的评测，可以有很多办法，但想做好企业安全可就没有那么简单了。笔者在前些年做等级保护的时候就思考过这个问题——如何面对合规。

2.2.4 如何面对合规？

无论是 ISO 27001 还是等级保护，如果仅仅是为了拿证书、为了符合要求而去套标准的话，这项工作就会变得相对简单。举个等级保护的例子，以下是一个检查项。

网络安全—访问控制—能够根据会话状态信息为数据流提供明确的允许/拒绝访问的能力，控制颗粒度为端口级。

满足这个检查项只需要有防火墙就够了，但防火墙是不是空策略？策略是白名单还是黑名单？黑白名单有没有根据业务情况随时调整？防火墙所处的位置是否能控制安全域间的所有流量？

这些问题对一个外部检查者来说绝对是无法完全回答的，只要防火墙里有几十条策略，这个检查项就算过了，至于有没有真正将访问控制策略做到位则只有企业安全负责人，甚至是一线运维工程师才知道。

再深入一层，如果需要做到实时防御，还需要检测系统与防火墙进行联动，快速封堵恶意 IP。这些都是简单的检查项无法要求的。

对于合规，企业安全团队自己要是想蒙混过关，谁也没办法检查得出来，只能由事件驱动整改。但这些事后补救措施给企业能带来多大价值？如果你的企业在一次恶性安全事件后一蹶不振呢？这个时候补救又有什么意义呢？

从另一个方面来说，安全团队要善于利用企业合规需求开展安全工作，基本上可以从如下四个方面开展。

1）查缺补漏：前文提到，标准虽然写得简略，但覆盖面还是很全的，用标准来检查安全系统建设的全面性是个非常有效的方法。

2）安全基线：标准是安全的基线，根据实际需求，安全建设上不封顶。

3）预算来源：对比单纯通过安全项目来申请预算，合规需求更能说服内部。

4）沟通的尚方宝剑：在推动安全建设的过程中，通过合规需求来推动平级部门支持是相对容易的方法。

这是笔者对于合规的一些看法，供参考。

2.3　如何协调资源

多数安全相关的工作都不能单打独斗，需要大量人员、资金以及政策上的支持。所以协调资源很重要，这种事无非是两个层面："要什么"和"怎么要"。貌似简单的问题，在实际工作中可能面临极大的困难。

2.3.1　要什么？

除了 3 岁之前的孩子能做到一定程度的"想要什么就要什么"外，我们在任何情况下都不太可能做到随心所欲地索取资源。所以搞清楚自己的需求是什么非常重要。

（1）要 Head Count

作为一个团队的管理者，在排除"一个人的安全部门"的情况下，自然需要团队支持，要设计团队的岗位组成，包括但不限于：安全运维、渗透测试、源码审核、安全运营、安全开发等，如果是一个比较大的团队，还需要相应的管理岗。除非公司在推着你去扩大安全团队，否则你都要向领导明确陈述这些岗位的作用和带来的价值。

比如安全开发这个岗位不是所有安全团队都会有，我们想要设置这个岗位就可以从下面几个角度去陈述。

1）预算批复需要时间，但如果我们有开发团队就可以在需求确定后快速进入工作状态，而不用等预算。

2）企业需求频繁变更，项目制使需求变更这件事变得非常困难，开发团队可以让很多工作进入"小步快走"的状态，更有利于风险控制。

3）自主研发这件事虽然在互联网公司司空见惯，但在传统企业还是一个很能体现技术实力的工作，有利于企业技术形象提升，甚至对外实现产品级输出。

（2）要钱

其实企业中大部分需求最后都落地到要钱这一环节，上文提到的 Head Count 就等于工资预算。要钱这件事是一个团队最重要，也是最难的事。因为再有钱的企业预算也是有限的，对不存在绝对的安全行业来说，企业有多少预算都可以用更高的安全等级消耗掉预算。要预算需要根据企业的特点，甚至某些负责人的喜好采取不同的策略。

对于轻资产的企业，就尽量不要提出采购海量硬件设备的解决方案；对于很看重技术创新的企业来说，自主研发所带来的满足感是商业产品所不能满足的。

（3）要政策

鉴于安全工作的复杂性，埋头苦干肯定不是最好的工作方式。安全团队需要与外界大量协作：安全漏洞需要和运维与开发协作；内部活动需要与培训或行政部门协作；安全响应中心（Security Response Center，SRC）需要与白帽子协作等。企业的规模越大，跨部门甚至跨企业的协作成本越高。在很多工作前期就与领导沟通，争取到一些文件级的政策，对后面的工作有很大的帮助。至少在较高层的会议中的口头协定，都会极大降低你在后续工作中的沟通成本。

2.3.2 怎么要？

2.3.1 节已经一定程度上解答了怎么要资源的问题，这一节主要回答下面两个问题。

（1）"无休止地要预算"的错觉如何避免

一般情况下，企业中各部门都会每年申请自己的预算。在预算申请的时候经常会给领导层一个错觉——安全需求永远无法满足，永远用不同原因申请预算。一旦让领导产生这种情绪，很可能导致预算审批变得越来越困难。这种情况可以从如下几点规避。

1）解决痛点，前文中谈到过这个问题，如果我们识别出了企业的痛点，并得到了领导的认同。那最好的方法就是将你的安全方案和解决痛点的关系阐述清楚，是事半功倍的选择。

2) 安全体系要有一致性，除非企业技术架构有重大调整，否则安全体系的规划一定要有一致性。并不是说放弃创新，而是说创新要在符合整体体系大方向的范围内进行。切忌每年搞不同的体系架构，去年 PDCA，今年滑动标尺，明年再搞纵深防御，这会让听你汇报的人感觉一头雾水。记住，如果你的领导不是安全行业出身，他能完全接受一个体系就很不错了。

3) 别炫技，除非你的老板是个懂安全相关技术的人，否则千万别在你的报告或者汇报中掺杂太多技术性较强的名词或逻辑。记住，你的核心需求是让领导认同你并给你想要的资源，而不是展现你技术有多强。

（2）陈述了需求，但出于种种原因无法得到想要的资源怎么办

比起领导不认同的情况，更无奈的是领导很认同你的想法，但综合考虑之后他做出了很艰难的选择——放弃你的方案，因为有限的资源内他有更重要的事情要做。这种情况下只有两件事可做。

1) 争取退而求其次的第二方案：这需要首先弄清楚为什么我们的方案被拒绝。如果是因为 A 方案预算太高，我们是否能提供所需预算更少的备选方案？如果由于公司编制问题不让招人，我们是否能提供一个人力外包的解决方案？如果因为公司体制问题无法给你很明确的政策支持，我们能否寻求一个口头承诺？总之，别急着放弃，看看有没有更多的选择。

2) 放平心态：就算所有方案都没有可能被采纳，也不要灰心。一般情况下领导不会无端否定你的方案，要在有限的资源下尽量帮助企业解决更多问题。就算你想跳槽，也不要让这件事情变成跳槽的原因，否则你可能会面临不断跳槽的境地，因为没有哪个企业会很顺利地满足安全团队所有要求。

2.4　安全团队在企业中的几个身份

这一节主要讨论安全部门在企业内的几个身份，在 1.4 节曾介绍过，我们的甲方是运维 & 开发部门、运营等业务部门，甚至是公司全员。本节将从一个更宏观的视角来看安全部门的几个身份。①能力的提供者；②一类问题的解决者；③服务+协作者。

2.4.1　能力的提供者

安全团队具备的最直接的能力当然是专业的安全能力，包括漏洞挖掘、安全策略制定、应急响应、代码审计甚至是安全开发生命周期（Security Development Lifecycle，SDL）等。这些不用多说，这一节的关键词不是"安全能力"，而是"专业"。既然公司有了专职的安全团队，大家对这个团队的期望一定是专业的。专业不仅仅指的是专业知识，也包括视角

的专业。

举个例子，一个业务即将上线，业务场景是这样的，用户上传一张照片，这个应用将这个照片转变成特定风格。在这个场景里，我们不仅要对这个应用做漏洞扫描、源码审核等常规安全手段。还要考虑到用户是否会上传色情照片、政治敏感照片？我们的审核流程是什么样的？是先审后发，还是先发后审？如果是先发后审，我们的风险有多大？

如果是先审后发，是人工审核还是利用图片识别接口审核？一旦出现图片识别接口失效或漏报，有没有应急策略？面对可能的风险选择接受还是放弃这个业务上线？

上述问题都是需要安全部门提出并解答的，就算不能解答也要给出选项，并说明每个选项带来的后果，以便高层领导选择。

一般来说，在企业其他部门眼里，安全部门的人不仅应该具备专业能力，还应该具备专业视角。图2-5所示的例子就是专业视角的展现。所以在提供安全基础能力的同时，安全团队还应该以类似顾问的身份给公司日常运行提供专业的安全视角。

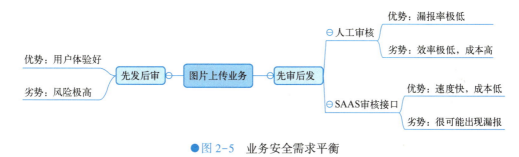

● 图 2-5　业务安全需求平衡

2.4.2　一类问题的解决者

我们从一个简短的故事开始。

我的一个朋友公司的系统中有一个后门在运行，这个事件由运维无意中发现，通知我的这位朋友之后，又由运维主导解决了这次事件。事后，运维部门的同事提出了这样一个问题：事件是我们发现的，也是我们解决的。那要你安全团队有什么用？

听他讲到这之后，笔者心中一惊。暗想如果自己遇到这种情况可能就跟人家杠上了，说公司不投资源啊，政策跟不上啊之类的。反正不是我的问题。但是那个朋友云淡风轻地说了一句"我的责任是让这类事儿不再发生"。

是的，安全部门有时候看起来用处确实不大，但我们要对内树立自己的价值，之前说的识别并解决公司核心问题是一个。这里又提出一点，我们要根据已经发生的事，制定安全策略，让这类事件不再发生。

虽然事后补救总是感觉不完美，但是从个人经验来看，在大多数企业内，如果安全团队真的能保证任何一类（可以是很细的分类）安全事件都只发生一次。那绝对可以把安全做得非常好。

再分享一个笔者的亲身经历——威胁感知。

在启动这项工作的时候，我的要求是先把之前的安全事件都分析一遍，为什么黑客能绕过我们的检测策略。第一步开发任务就是把这方面的工作补齐，这一步做完之后我就可以对内宣布，之前所有发生过的入侵事件，如果再次发生，我会第一时间发现。也就是说，就算我们可能被入侵，也不会跟之前的一样（这就是 ISO 27001 第 10 章的要求）。然后我们再根据数据分析的全景图，进行有一定前瞻性的开发。这么做的好处有两个。

一是之前发生过的问题，一般来说都是大概率再发生的，除非事件之后可以通过防御手段 100%实现防御（这里探讨的是数据分析工作，所以暂不探讨防御问题）。针对大概率事件做数据分析性价比就比较高。

二是解决之前发生过的问题，在汇报工作的时候比较容易体现价值。毕竟你彻底解决了一个曾经发生过的问题，和你试图想解决一个可能发生的问题相比，前者价值一定更高。

解决一类问题是笔者目前很重要的工作方式之一，它不是一种具体的方法或策略，而是贯穿始终的一种解决问题的思路。在本书第 4 章漏洞管理，以及第 6 章威胁管理，第 7 章应急响应的部分，都会不同程度地运用这种思路。但是有些类型的问题很难快速、全面地解决，要从某些点的问题开始，慢慢地由点到线。也就是遇到复杂问题，先解决某个问题，再解决某类问题。

2.4.3 服务+协作者

安全团队对内本质上是一个服务团队，服务心态说起来简单，做起来还是很难的。因为甲方安全团队很多时间都在跟服务商或者厂商这类乙方打交道，一不小心就被捧得飘飘然，就算没那么严重也可能习惯于以俯视的视角看问题。所以，我们需要做的不仅仅是认清对内服务者的身份，还要调整好心态。

一旦我们回到服务者的心态，很多事情其实就没有那么复杂了。我们提供的服务需要被服务者的认可。被认可的方式有很多种，1.4 节中已经详细论述过，在此不再赘述。

但服务者不代表万事顺从，我们只需要稍稍放下身段达成自己的目标而已。最终实现目标是要靠协作的。尤其是安全部门，很少有什么工作可以部门内独立完成。比如：安全策略，需要运维部门配合下发，就算边界安全设备也归安全管，主机 IPtable 也需要运维团队配合；漏洞扫描就更是如此，运维和开发不修，安全团队除了催办没有其他办法。即使能明确责任主体，一旦发生安全事件，最好的结局也只是不受罚；威胁感知也一样，分析到的任何事件，除非边界策略一条能搞定（前提还得是边界安全设备归安全管），其他的都得运维配合；风控就更不用多说了，需要协调的都不仅仅是技术部门了。

从笔者的经验上看，没有哪个技术部门像安全部门一样面对如此大量的协作工作。所以，以服务者的心态和协作者的身份在公司内部沟通工作是非常重要的。总之，安全团队在企业中的角色应该是一个不卑不亢的协作者，为我们的"甲方"服务，互惠互利达成共赢效果。

2.5 小结

企业信息安全工作的首要任务是解决企业的核心安全需求，无论是合规还是风险处理，安全团队需要找到一个切入点来开展安全工作。而开展安全工作的方式和大部分技术方面的工作不同，既有很强的技术性，又需要大量的协作和沟通。

技 术 篇

信息安全工作毕竟还是强技术性工作，有了方向上的正确性后，具体技术工作需要有条不紊地开展。安全设备管理、漏洞挖掘、威胁检测、应急响应都是安全人日常处理的问题。很多问题市场上都有大量的解决方案，而另外一些则很难找到合适的解决方案。原因是：一方面，对于企业来说，自身安全需求并不都是适合市场化的，有些企业的特殊性需求不被商业公司实现产品化很正常；另一方面，目前国内安全市场刚从"买盒子"阶段过渡到服务和运营，很多产品还在酝酿之中。

所以，我们能看到的情况是：一方面，容易产品化的产品类型，在市场上有大量的厂商有解决方案，对企业来说选择是个很大的工作量；另一方面，没有成型产品的需求因为厂商定制开发成本高，而企业自建研发团队周期长的问题长期无人解决。

在技术篇中，笔者将梳理企业经常用到的安全手段，从企业使用视角分析技术、产品和策略的选型方式。虽然不能提炼出所谓的"最佳实践"解决方案，但可以给读者一些启发。

第3章
攻击面管理

曾经与一个安全厂商的朋友聊天，他抱怨市场低估了他们的价值，他们很厉害的技术没有得到应有的重视。笔者对这件事的理解是：对于许多企业来说，他们很可能走得太快了。

现在行业里好多公司纷纷推出各种黑科技，几乎可以蹭到所有热点。蹭热点的方式本身无可厚非，但其中核心的问题是，很多企业可能都还用不到这些黑科技。换句话说，如果企业中一些基础的安全问题都解决不了，再好的安全产品和服务都不能保障企业安全。没有漏洞修复的机制，扫描器就没有价值；没有边界安全基线的要求，防火墙也没有存在的价值。当然解决基础安全问题是非常困难的，对于网络安全工作的困难性，一直流传着这样一段话，大意是：安全团队的处境很尴尬。因为我们要防守的是个面，甚至是一个"体"。但黑客只需要一个点就可以完成最初的突破。例如，在一个攻城战中，守城方需要将兵力分配到每个门，但进攻方只需要攻下一个城门就可以拿下城市。

但笔者认为技术体系的攻防与古代战争中的攻防是有本质区别的，主要有三个方面。

1）最大的区别就是技术体系的攻防是可以利用自动化工具辅助的，在自动化工具的加持下，并不存在多攻击面分散兵力的问题，真正关键的是对资产的梳理。

2）对攻击面的管理权限在防守一方，防守的城市有几个门，分别都是什么，这个决定权在防守方手中，这也是本章讨论的重点。

3）我们还可以充分利用信息不对称的客观事实，以及类似蜜罐之类的诱骗工具提高入侵者的难度（这方面的问题在第 4 章中会详细阐述）。

有了这么多优势，相信大家不会再沉浸在被动的悲伤中了吧。网络攻防的防守方相比传统攻城战最大的优势是可以自由缩减攻击面，从而使安全防御和检测能力更加集中，我们先了解什么是攻击面。

3.1 什么是攻击面？

所谓攻击面指的是一个系统可能遭受攻击点的集合。包括上文提到的不能及时修复的漏洞和对外开放的管理后台，当然远远不止这些，从广义上说，攻击面包括了任何可以被攻击者利用的因素。包括但不限于：

1）对外开放的 IP、端口、服务：这是大家都很重视的攻击面，因为其最容易被攻击者利用，所以安全人员也比较重视。

2）对内开放的 IP、端口、服务：是比较容易忽略的环节，曾经很多人认为在内网就不存在安全问题了，但近年来高级持续性威胁（Advanced Persistent Threat，APT）的概念被不断炒热，大家对内网的控制也越来越严。由于曾经开放度太高，收紧策略的执行还是很复杂的。需要注意的是，对于打印机、摄像头或类似 IoT 的设备是最容易被忽略的。

3）域名：与上述资产一样有内部与外部之分，内部域名同样需要提高重视。但对域名资产的管理是一个比较麻烦的问题，下文将展开探讨。

4）应用程序接口（Application Programming Interface，API）：虽然 API 不像 IP 和域名

那样很容易被人发现，但许多重大数据泄露问题，其幕后原因都在于 API 遭到破坏、泄露或攻击。近年来一些企业将 API 也纳入资产管理的范围中，这是非常明智的做法。

5）数据：严格意义来说，数据属于资产，并不能算攻击面，但近年来数据对企业和个人来说越来越重要，所以也成了吸引黑客的重要因素。我们在分析攻击面的时候需要从数据的层面再次思考攻击面的收敛问题。

6）Wi-Fi：如果公司没有 Wi-Fi，估计很多人会崩溃。几乎所有企业都有无线网络的部署，这成了黑客入侵的一个重要渠道。

7）物理环境：安全管理工作一般提到物理环境，都是指机房的管控，以及"两地三中心"这种高可用设计。除此以外办公区域、公司的大堂或者门外的公共区域都是我们需要关注的攻击面。

8）人：网络安全本质上还是人与人的博弈，我们在保护信息系统的同时，也要考虑到对人的保护，这包括了员工、与企业有合作的相关方人员，甚至包括企业产品的用户。

9）第三方协作：如果我们的网页上嵌入了第三方的 JS（JavaScript），页面的展示效果就不完全由我们自己做主；如果我们的系统部署在公有云上，系统服务的连续性就不由我们完全控制。所以，与第三方协作开发的软件和放到第三方平台上的业务系统都是容易忽略的攻击面暴露的部分。

3.2　为什么攻击面管理很重要？

把攻击面管理放在技术篇的第一章，是因为笔者认为这项工作既基础又重要。还是从一个故事开始，笔者团队开始重视攻击面管理是因为遇到了这样一件事。

2017 年，我们集中精力治理全网漏洞，取得了不错的成绩。全网漏洞数量大幅下降，于是我们信心满满地启动了一次攻防演练。结果是攻击队利用了一个因为非常难利用而被我们忽略的漏洞打开突破口，并通过这台跳板服务器全网漫游最终拿到了核心服务器权限。

这件事让我们陷入了一个思考。我们用了大半年的时间将各类漏洞极大程度地消减，但最后还是因为漏洞问题让攻击队完成了入侵行为。按照常规工作方式，我们要有针对性地分析出现的问题，并提出体系化的解决方案，以解决此类问题。

上述事件看起来并不复杂，关键点有两个，一个是漏洞，一个是全网漫游。当时我们在漏洞管理工作上已经投入了很多精力，如果再盯着这个层面看边际收益会非常低。这时我们意识到一个问题，在当时我们的防御体系类似于一颗鸡蛋，只有外壳是坚硬的，只要突破了外壳，内部基本上没有什么防御措施。而漏洞挖掘的工作是永无止境的。

简单解释一下边际收益的概念，是指增加一单位的投入所增加的收益。换句话说，每投入 10 人日的工作在漏洞管理上所获得的效果已经非常有限，但这时投入同样的工作放到安全域策略控制和重要系统 IPtable 策略控制上，效果会明显很多，这就是攻击面管理的意义。从另一个角度来说，先让遭受攻击的范围变小，再对这个相对小的范围做各类安全工作的压力也会小一些。

3.3 发现攻击面

管理攻击面的第一步是要发现他们，否则也谈不上管理。下面我们按照上文梳理的攻击面的几个类型分别探讨一下如何发现这些攻击面。

(1) IP、端口、服务

目前开源的资产扫描软件很多，包括大家常用的 Nmap 和 X-SCAN 等，当然也有很多商业产品。商业产品的效果和产品化效果当然比开源软件要好，而且会有相应的服务。但前者可塑性更强，笔者团队做的资产扫描器就是基于 Masscan 和 Nmap 进行的平行扩展。这种主动扫描的模式会存在一些漏报。比如，笔者的一个同事名下的服务器就经常在资产扫描的时候漏掉，因为他的服务器策略做得很严，除了固定的几个 IP，不对任何 IP 开放任何服务。所以我们需要另外一种方式，就是从流量中解析网络通信中的源、目的 IP 地址，遇到资产库里没有的就加进去。但这种方式的缺点是，很多情况下（尤其在云平台中），无论是运维部门还是安全部门都很难收集全网流量，经常做流量收集的位置有三个：①公网出口；②办公网与前端支撑网络互联口；③VPN 连接内网端口。由此可见，资产发现的策略是多维度的，需要多种手段互相弥补。

(2) 域名

与 IP 相似，域名的检测也可以分为主动和被动两种模式。主动模式可以采用爬虫，爬虫也有很多开源的软件可以使用，笔者团队采用的是 Pholcus，其优点是效率比较高，支持分布式部署，但动态 URL 的爬虫策略需要定制开发。另外需要注意的是，如果目标网站有反爬策略，需要跟相关团队沟通，开放白名单。主动方式依然存在误报和动态 URL 拼接的问题，我们仍然需要被动的方式从流量中解析域名。需要注意的问题是：①依然要考虑流量收集点的选择；②要根据网内情况对流量进行预处理，尽量减少流量分析的压力。

(3) API

在传统的开发方式中，安全团队梳理 API 是一件非常痛苦的事。一方面，已知的 API 不清楚提供给谁调用，另一方面，一些老旧的 API 有没有下线管理员可能都不清楚。前一种情况还可以通过流量分析的方式解决，第二种情况很难找到有效的方式。如果要加强 API 的管理，可以采用类似 Kong 的开源系统来管理 API，在实现统一管理的同时，也节约了日志记录、认证、授权等能力的开发成本。

(4) 数据

数据对于企业来说越来越重要，在数据泄露事件频发的场景中，相对还容易找到攻击面，根据泄露事件追根溯源即可。如果你的平台有很重要的数据，但还没出现过明确的数据泄露事件，这就需要安全团队识别出数据泄露的风险点在哪。笔者建议首先要把数据管起来，可以通过流量镜像、数据接口监控、日志等手段，弄清楚内部数据都有什么、怎么产生的、谁来调用、怎么流转等问题。

（5）Wi-Fi

Wi-Fi 管理主要从两个层面进行，一是企业对内开放的 Wi-Fi，最好能上多因素认证；二是严格管理私搭 Wi-Fi 的情况。如果使用 Wi-Fi 屏蔽，要注意对周围其他企业的影响。

（6）物理环境

大部分情况下，物理环境安全不由安全部门负责，但笔者建议安全部门要从自身专业出发去发现物理环境的安全问题。比如：公司的入口有几个？外部人员能否跟随内部人员进入？进出机房的手续是否存在漏洞等。目前笔者团队正在酝酿技术之外的渗透测试工作，目的就是检查物理环境、人员意识层面有没有安全隐患。

（7）人

安全对抗中人的脆弱性往往是比较容易被黑客利用的，但人暴露出的攻击面到底有哪些是很难判断的。可以选择的一种方式就是上文提到的技术之外的渗透测试工作，比如内部发钓鱼邮件、张贴钓鱼二维码、在公司内放置木马 U 盘等。另外也可以通过一些运营的方式集思广益，最终目的就是发现这些问题，为下面的防御手段提供依据。

（8）第三方协作

企业外部协作风险是根据实际情况确定的，这也是一个很难判断的问题。这需要安全部门对公司内部情况的认识比较充分。遇到以前不清楚，或者没想到的攻击面可以被快速地意识到并纳入管理中。

3.4 管理攻击面

首先我们应该认识到攻击面是不可能收敛为 0 的，任何信息系统都会不同程度地暴露攻击面，因为不论把控制策略做得多严密，只要还让人用（无论是直接的还是间接的），或者可以开放，就意味着这个系统是有可能遭受各种类型攻击的，只是难度不同罢了。所以，攻击面为 0 就说明这个系统已经瘫痪了。下面介绍管理攻击面有哪些原则。

（1）最小化开放原则

虽然攻击面不可能是 0，但最小化原则还是十分必要的。最小化原则一般都在系统安装时遇到。但这个原则的使用绝不仅仅限于操作系统安装，还包括访问控制策略、应用系统授权、资产管理等方面。换句话说，最小化开放原则应该是安全工作的一个基本原则，没必要的最好别开。

（2）边际收益最高原则

如 3.2 节中所提到的案例，更深入的漏洞管理工作和内网安全策略部署都是可以选择的手段。但哪项工作的性价比更高是安全团队需要根据实际情况做出判断的。

（3）适应性原则

安全团队从理论分析上得出的结论，还要结合企业的实际环境综合考虑。举个简单的例子，在一个办公氛围比较开放的企业内，我们只能下大力气处理病毒、上网行为不规范等问题，而不能一劳永逸地断掉办公网的互联网出口。

接下来再从 3.3 节的几个维度探讨一下攻击面应该如何管理。

（1）IP、端口、服务

根据最小化原则，不需要的服务一定要关闭，但是我们经常遇到申请资源很主动，回退资源很被动的部门和人，这从人的本能来说很正常。所以对于这类基础资产的管理，需要安全部门与运维部门联合制定一系列的制度并附加一定的技术手段，帮助企业更好地管理资产。技术层面可以利用 3.3 节提到的各类软件；制度层面可以将资产风险与使用部门负责人挂钩，甚至搞一套虚拟的成本核算。另外对于开放端口的管理，也需要运维部门提供自动化运维能力，否则安全部门只讲一句权限最小化，运维部门很难真正执行下去。必要的时候需要安全团队与运维团队联合开发（或采购）一套策略管理系统，用于辅助海量安全策略的管理和分析。

（2）访问控制策略

这是安全工作的基础，企业内安全边界分为四个层面：①互联网出口；②安全域；③主机/VM 网卡；④应用。我们可以将安全策略与资产同等对待，谁在什么时候申请了哪条策略的开放，向相关人员定期（比如：一个月）确认这些信息，遇到离职的情况也要交接这些策略，保证接替者知道这些策略的存在和用途。

①②③这三个层面基本上是对防火墙、核心（或汇聚）交换机以及服务器的自动化运维，但在此基础上还要有安全策略分析的能力，尤其对于互联网出口的策略，人工分析的准确率和效率都会很低。这方面有研发能力的团队自己写策略就行，其实也不算复杂，笔者团队采用了商业产品来解决安全策略分析的问题。

（3）应用隔离

对于应用程序之间的访问控制策略，在基础能力具备后，可以进阶地考虑应用层的隔离。目前市面上为数不多的微隔离产品就提供了这个层面的能力。当然在主机层的微隔离产品也能提供基于主机和端口级的攻击面管理，笔者认为这是攻击面管理的极致了。

笔者建议安全建设前期不需要考虑应用保护，或者仅对十分重要的应用进行保护。当基础安全能力已经准备好了，可以考虑这个层面的隔离，应用隔离同样有成熟的商业产品可以解决这类问题。需要甲方考虑的是，这种能力是一定要在服务器上装 Agent 的。大家可以根据适应性原则考虑一下自己所在的企业是否有条件上这类手段。

（4）域名

与 IP 类似，域名的管理也需要技术和制度相互配合，一般来说，根据域名的命名规则，相对比较容易找到责任部门或责任人。域名管理的难度在于对其存在的发现，我们可以通过分析域名解析数据，对一段时间内（如：2 周）没有访问量或访问量极低的域名停止解析。这项工作的难点不在于怎么分析和怎么关停域名，核心难点是取得高层领导的同意和业务的支持，因为关停域名很难保证完全不影响业务。

（5）API

笔者建议将 API 也纳入资产生命周期管理中，新增、运行、下线都要能找到相关责任人。同样，判断 API 下线也是个难题，可以通过日志或流量辅助判断 API 使用情况，最终需要人工确认。

（6）数据

数据安全是个非常大的话题，我们将在第 10.2 节展开讨论。

（7）Wi-Fi

对于 Wi-Fi 安全，很多厂商都有非常成熟的解决方案，但是要考虑到 Wi-Fi 干扰的手段对附近其他公司产生影响等类似问题。另外，随着 4G 流量越来越便宜和未来 5G 的发展，无线办公流量会更加难以控制。

（8）物理环境

物理安全的设计一般从机房和办公环境两个方面分别进行。物理安全是很多安全团队接触比较少的，毕竟现在很多基础资源都在公有云上，办公环境也都是由综合部等职能部门负责。机房物理环境可以参考 ISO 27001 或等级保护标准，从渗透的角度找到最大隐患并提出方案；办公环境则是要评估公共区域（如公司大堂）和门禁的风险。

（9）人

对人的管理要通过安全运营的方式提高基础安全意识，另一方面从制度上规范管理手段。这方面工作将在运营篇中详细论述。

（10）第三方协作

第三方协作方面的攻击面管理难点仍然主要在于发现问题，解决问题的方法种类繁多，这里无法一一列举，但需要参考最小化开放、边际收益最高及适应性原则进行方案设计。

最后值得注意的是，在现实环境中几乎很难有企业可以做到对攻击面的绝对控制。所以，需要一些辅助手段（如检测能力）来弥补攻击面管理上的不足。

3.5 小结

梳理并有效地收敛攻击面是企业安全工作中最基础的工作，也是效果最显著的工作，但因为看起来没有那么高大上，所以很多团队将精力更多地放在威胁检测、漏洞挖掘、态势感知等看上去更"高端"的工作上。通过本章的论述，笔者希望能有更多企业安全团队将注意力投放在攻击面的管理上，从而有效地提高企业信息系统的攻击门槛。

第4章
漏洞管理

漏洞几乎是所有安全事件的源头，严格意义上说，弱密码、未授权访问之类的安全意识问题也都可以归为安全漏洞。可见，漏洞是一个非常宽泛的概念。为了概念清晰，本章主要讨论的是技术层面的漏洞处理，关于安保和员工意识导致的漏洞不在本章讨论的范围之内。

从定义上来看：漏洞是在硬件、软件、协议的具体实现或系统安全策略上存在的缺陷，从而可以使攻击者能够在未授权的情况下访问或破坏系统。是受限制的计算机、组件、应用程序或其他联机资源的无意中留下的不受保护的入口点。

在实际工作中经常会遇到以下几种类型的漏洞。

(1) 0day

0day 是已经被发现（有可能未被公开），而官方还没有相关补丁的漏洞。掌握 0day 漏洞的人出于各种考虑（主要是经济利益），不会轻易公布这类漏洞。这类漏洞在大部分甲方的工作中是遇不到的，当然有大型安全团队的企业是可以自己（或与第三方合作）来定向挖某个框架的 0day 漏洞的。

(2) 1day

1day 是基于 0day 的一个衍生概念，泛指公开时间很短的漏洞。这类漏洞虽然为人们广泛了解，但由于时间较短，很多系统还来不及发现和修复，对于黑客来说，这是利用漏洞的最佳时间。

(3) Nday

相对 0day 和 1day，Nday 漏洞就很好理解了，这是已经公开一段时间，甚至很久的漏洞，很多 Nday 漏洞已经有非常成熟的验证和修复方法。按道理说，这些漏洞应该很难被利用，但实际情况则不然，利用 Nday 造成大范围病毒传播的例子比比皆是。比如臭名昭著的 WannaCry 病毒，就是利用 Windows 的永恒之蓝漏洞实现大范围传播的。该病毒于 2017 年 5 月 12 日在我国第一次被披露，而永恒之蓝漏洞的补丁 MS17-010 早在 2017 年 3 月 14 日就已经发布，这将近两个月的窗口期却被大量的用户浪费了。

(4) Nday 但无法修复

这是一类看似特殊，实则很常见的漏洞。虽然漏洞发布已久，也有相应的解决方案，但是企业由于各种原因无法修复。这类漏洞是企业脆弱性的重要组成部分，一般用虚拟补丁和蜜罐来弥补，但都不是彻底修复的方案。

4.1 漏洞管理和漏洞扫描的区别

提到安全漏洞方面的工作，很多人的第一反应都是漏洞扫描。在绝大部分情况下，漏洞扫描通过各类扫描器（开源、商用、自主研发）从外部和内部扫描系统，以发现系统内的安全漏洞。但仅仅发现是不够的，笔者在很多场合下都被问到过一个很普遍的问题：运维（或开发）不修复漏洞怎么办？

我们推进漏洞管理工作，而不是仅仅推进漏洞扫描工作。扫描是一项工作，而治理是一系列工作。其包含了漏洞发现（扫描）、漏洞修复、复查、复发判断及处理、数据统计、时效性保障、通报制度的制订等大量工作。

有人说，"安全部门的职责就是发现漏洞，当然也可以指导修复漏洞。但是盯着相关部门去修复漏洞，这不是安全部门的责任。"这是一个很普遍的观点，所以有必要分析一下。

坚持只做漏洞发现，而不做漏洞管理，对于安全部门来说也没有原则性错误。假设因为漏洞修复不及时而产生了安全问题，安全部门可以有以下几种应对的措施。

① 作为不相干方，认为不是自己的问题，不闻不问。
② 作为辅助方，协助处理，隔岸观火。
③ 作为主导方，应急处置，与相关部门沟通，应急性的恢复生产。

如果选择选择①，安全部门的地位就会越来越低，因为安全部门的价值越来越低了；如果选择②，安全部门将一直处于辅助部门的地位，很难获得重视；但如果选择③，就会发现，不管是谁的责任导致的安全问题，最后安全部门都会深度参与并解决问题。

由此我们发现一个这样的逻辑，如果选择只负责漏洞发现而非治理的角色，最符合自身利益的是①和②，部门的地位也不太可能被重视。但如果想做一个不断向上的团队，最明智的选择一定是③，如果选择了对安全事件整体负责的态度，前期做好治理性工作的必要性就不言而喻了。

接下来梳理一下漏洞管理工作的几个阶段。

（1）漏洞发现（扫描）

不管治理工作有多重要，漏洞发现一定是第一步的，只有发现，才会涉及治理。

（2）漏洞修复

对于修复，安全团队要从督促和协助两个方面进行，所谓督促是从监督层面用各种办法让相关方尽快修复漏洞，协助就是提供必要的技术支持。

（3）复查

这是一般的漏洞扫描都不会落下的工作，安全部门需要确认漏洞是否真的被修复了。

（4）复发判断及处理

对于复发的处理是个可选项，有些情况下漏洞明明已经修复，但是由于恢复系统而将漏洞同步恢复的情况也有。如果能够对复发进行特别的处理，就可以让业务部门更重视这类情况。

（5）时效性管理

对于不同威胁程度的漏洞，要有不同的修复时限，这是对漏洞修复的进一步要求。同时对超时修复漏洞的管理也基于时效性的规定。

（6）数据统计

有了各个环节的管理，后续的数据统计就比较简单了，主要看安全团队需要从哪些角度进行数据统计，比如：累计发现漏洞数、各类漏洞数占比、未修复漏洞数量及占比、各业务部门超时漏洞数量排名（或超时时间排名）等。这些数据统计方法要根据各企业的实际情况输出，有些统计还是比较容易引发部门矛盾的，所以在捋顺内部关系之前，数据可以留在后台，而慎用展示手段。

（7）通报制度

有了统计数据，就可以通过各种手段通报了，例如：例会、大屏展示、安全周报等。这些通报最好提前制度化，而非"随心所欲"地通报。因为"随心所欲"会让人当成是"别有用心"。

4.2 漏洞扫描产品现状

如前文所述，漏洞发现是漏洞管理的前置条件。漏洞发现的主要手段就是漏洞扫描，对任何一个做安全的人来说，漏洞扫描器绝对不是什么新的产品，在网上可以找到各种各样的扫描器。笔者把扫描器分为开源、商用、自主研发三种类型，以下将分别阐述各自的特点和使用方式。

4.2.1 开源

在互联网上能找到很多开源的软件，这给安全工作带来了很多便利。我们既可以根据需求调整软件的具体功能，又能通过阅读代码和文档学习扫描能力的实现逻辑。常见的漏洞扫描开源软件如下。

（1）Sqlmap

Sqlmap 是一款自动化监测与利用 SQL 注入漏洞的开源工具。可以简单地实现针对不同数据库的渗透功能，包括上传 WebShell、方位系统文件甚至拖库。同时，也可以通过官方提供的 API 将 Sqlmap 功能封装到企业整体安全能力中。

（2）Nmap

Nmap 是非常流行的资产扫描软件。用来扫描 IP 存活和端口开放情况，同时侦测运行服务和版本信息（此外还可以探测操作系统信息和设备信息等）。由于指纹库的问题，Nmap 的扫描结果不如商业产品全面。

（3）Masscan

Masscan 可以理解成阉割功能但是提速了的 Nmap。Masscan 可以探测主机存活和端口开放的情况，速度非常快，但是准确性较差，可以采用多次扫描的方式提升准确性。

（4）XSStrike

XSStrike 是用来检测 XSS 漏洞的扫描器，能根据 XSS 在 HTML 中的输出位置自动生成对应标签的 Payload，可以检测出绝大多数的反射型 XSS，不足之处是检测 Dom 型 XSS 只用了静态分析，误报率较高。

（5）Kunpeng

Kunpeng 是一个 Golang 编写的开源 POC 检测框架，集成了包括数据库、中间件、Web 组件、cms 等的漏洞 POC，可检测弱口令、SQL 注入、XSS、RCE 等漏洞类型。以动态链接库的形式提供给其他语言进行，可以方便地进行二次开发。

（6）巡风

巡风是一款适用于企业内网的漏洞快速扫描系统，扫描时先利用Nmap进行端口扫描，根据识别的指纹调用相应的POC进行漏洞扫描并给出报告，优点是配置简单、开箱即用，不足之处是对大网段进行扫描时效率不是很高。笔者团队自主研发扫描器的前期就部分借鉴了巡风的思路。

4.2.2 商用

商用扫描器抛开价格因素，各个方面都要好于免费和开源的产品。早些年商用扫描器的产品形态都是"硬件盒子"。其特点是：①单个硬件扫描效率有限；②基于版本的扫描会有误报的情况；③没有资产管理模块，整理报告比较费时；④输出报表不够友好。

近些年很多厂商逐渐认识到了传统扫描器的局限性，推出了基于云服务的漏洞扫描产品。目前笔者了解到的云服务产品主要特点是：减少了版本比对产生的数据，同时用POC测试的方式降低误报率、用云的方式实现平行扩展的能力、将人工服务整合到产品中、加入了一些漏洞管理功能。但问题是：云服务的方式无法实现对内网的扫描、对漏洞信息的保护是个双方需要互信的过程。

4.2.3 自主研发

前文可以看到，无论是免费、开源或者是商业产品都有不同的问题。我们需要的是全面、低误报、高效、可扩展、与资产关联、可定制、带有管理功能的漏洞扫描系统。这么"变态"的要求，估计没有哪个安全厂商可以完全满足。那么就只剩下自主研发一条路可以走了。自主研发的内容比较多，后文将用单独的一节来介绍，这里先简单介绍一下设计原则。

1）功能一定不是越多越好，从紧急功能开始，向非重要的延伸。

2）用开源扫描器改造最方便，可以从开源入手，逐步改造，直到最终完全重构。

3）尽量减少独立创造的环节，如前文所述，企业中的安全部门不是用来炫技的，用最有效的办法解决问题是关键。所以，优先考虑整合已有功能，小步快走，迭代（而非设计）出一款适合自己的产品。

4）扫描器的漏报和误报是个很难两全的问题，4.2.4节将展开论述。

4.2.4 漏报和误报的选择

前文提到过，传统"盒子"类型的商业扫描器漏洞库非常全面，但扫描结果每次需要人工筛出那些无须整改的漏洞（统称为误报，其实不一定是"误"）。一些基于POC扫描的扫描器又因为POC扫描不全面，导致很多漏报。漏报和误报貌似是事物的两个极端，只能均衡，不能兼得。下面列举可能的选择方法。

（1）简单粗暴地选择高"误报"

作为比较重要的系统可以选择这种方式，一般来说重要系统不会有太多资产，把多一点的精力放到这些系统上是可行的。

（2）根据需求具体选择

在网内漏洞比较多的情况下，可以先集中用高危的POC发现影响较大的漏洞，这样可以提高效率，快速解决高危漏洞；当这些漏洞都解决后，可以将漏报纳入。

（3）对兼得的尝试

对于POC发现的漏洞通过系统直接推给业务（系统的设计将在4.4节中阐述），高误报系统发现的漏洞进入另外一个库，由人工筛选之后再推给业务。

上述方法没有优劣之分，根据实际的情况可以灵活选择方案，甚至不同的时间点都可以选择不同的方案。

4.3　漏洞扫描、渗透测试、攻防演练

4.2节阐述了漏洞扫描产品的现状，但跟漏洞发现相关的工作除了漏洞扫描还有渗透测试和攻防演练。笔者没有找到这三个词的标准定义，就抛开定义，根据自身工作经验及理解对比一下这三项工作的区别。

4.3.1　三者的区别

漏洞扫描、渗透测试、攻防演练三者的区别如图4-1所示。

（1）漏洞扫描

对于漏洞扫描，前面已经有很多描述了，它是主要通过工具来发现漏洞的过程，后面也有人工验证的配合。漏洞扫描工作主要关注漏洞发现是否全面和及时。

（2）渗透测试

从具体工作来说，渗透测试工作是包含漏洞扫描的，但与漏洞扫描不同，渗透测试更倾向于拿到某些权限或数据，而非仅仅发现一些漏洞。渗透测试工作则需要提前约定渗透的成果。笔者见过一些没有约定成果的渗透测试，结果就是只要渗透测试人员可以拿到某些服务器的权限，就算是完成了这次渗透测试工作。这对企业来说是效果是严重缩水的。

（3）攻防演练

从字面上就可以看出，这项工作更有对抗性，渗透测试可以在甲方完全不知情的情况下开展。而攻防演练则需要甲乙方共同约定战场和时间，由于有防守方的加入，攻防演练对攻击者的要求进一步提高。从国家层面，有很多安全企业和甲方参与的"护网行动"就

是很典型的攻防演练，攻击方和防守方在约定的时间和系统中进行对抗，攻击方的任务是拿下预定目标，而防守方则要及时、准确地发现和封堵攻击方的行为。

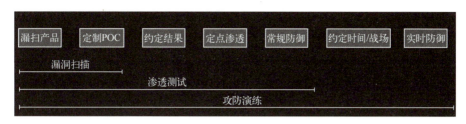

● 图 4-1　漏洞扫描、渗透测试、攻防演练的区别

从企业角度来说，启动哪种类型的工作取决于实际需求，一般来说，漏洞扫描工作重点是覆盖面要全，这是安全工作的基础，笔者认为应该 7×24 小时不间断地进行漏洞扫描；而渗透测试则偏重纵向入侵，考验安全团队日常工作效果，从渗透测试的结果可以看到日常工作的不足，这也是最值得注意的事情。渗透测试要发现的决不仅仅是测试报告中的具体问题，而是日常安全运维过程被忽略的维度；而攻防演练考验的是安全团队的对抗和应急能力，在明确攻击行为，甚至攻击者的情况下安全团队能否承受得住压力，赢得对抗。

由此可见，漏洞扫描、渗透测试和攻防演练的着眼点不同、用途不同，企业要根据实际需求去选择开展哪项工作。

4.3.2　攻防演练

鉴于近年来各企业对攻防演练的重视程度越来越高，本节单独展开讨论一下攻防演练的话题。从情报维度，攻防演练可以分黑盒、灰盒和白盒。从红方属性维度可以分为内部对抗和通过服务模式邀请第三方参与对抗。一般来说，内部对抗的方式都是灰盒或白盒，而第三方对抗则通常是黑盒或灰盒模式。笔者比较推崇灰盒攻防演练的方式，因为很多时候，企业的信息多多少少都有泄露的情况。所以，在很多现实的黑客入侵场景中，企业都是在半透明的情况下与黑客对抗的，这正是灰盒演练的场景。

攻防演练需要防守方全程实时参与，是一项耗时耗力的工作。而且，在目前安全人员成本很高的市场环境下，这项工作的成本也很高。企业启动攻防演练需要掌握好时机，以便有最高的投入产出比。试想如果企业连基本漏洞问题和检测问题都解决不了，攻击队会很快拿到相关权限，演练结束。带来的结果就是找到了一个漏洞，发现了一个渗透路径，给企业带来的价值非常有限。所以，在安全建设的早期阶段，建议启动漏洞扫描和渗透测试工作。在企业对自己的安全能力（不仅是脆弱性治理，还包括检测和响应能力）比较有信心的时候，再启动攻防演练。

由于攻防演练成本较高，就需要认清这项工作给企业带来的价值。

（1）弱点发现

与漏洞扫描和渗透测试一样，攻防演练也一定会找到企业 IT 系统的脆弱性问题。尤其像前文提到的，企业对自己内部的安全能力已经很有信心的情况下，能找到企业的脆弱性问题就不仅仅是一两个漏洞的问题。很可能是帮助企业安全团队发现自己工作中的一个盲点，甚至盲维。

（2）考验对抗能力

由于有防守方的实时参与，攻防演练在给攻击方团队带来挑战的同时，更能考验企业安全团队的实时对抗能力。对于防守方来说，实时对抗在日常工作中是很难遇到的，而一旦遇到很可能是场生死之战。所以，攻防演练是一个很难得的机会，让防守方可以考验自己的实时对抗能力。具体来说可以分为：实时检测能力、实时防御能力、应急响应能力。企业可以在开展演练之前全面梳理这三方面的能力。

在启动攻防演练后，并不是坐等结果就可以的。攻防演练中还需要关注以下关键点，以保证攻防演练的质量。

（1）约定目标和手段

选择适当的系统作为目标是很重要的，切忌将目标设置的过于简单，会导致攻防演练的效果大打折扣。建议将演练目标设定为保障手段比较完善，且对企业非常重要的系统。另外，在约定目标的同时当然也要约定攻击队的手段，以避免对企业实际运行业务造成影响。比如：应避免使用 DDoS、DNS（Domain Name System）劫持、ARP（Address Resolution Protocol）欺骗等手段。从这个约定可以看出，由于种种限制，攻击队并不能发现网络安全所有的问题，在真实对抗中这些破坏性攻击是很有可能出现的。所以，在攻防演练之外，企业安全团队要单独考虑这些破坏性攻击的可能性和应对机制。

（2）防御手段

在绝大部分情况下，演练过程中防守方都会选择严防死守，但严防也要考虑一个度的问题。比如，为了防御住攻击方的入侵，防守方选择以 A 段（如：202.0.0.0/8）为封堵单位，虽然可以取得很好的封堵效果，但也会严重影响业务的连续性。在实际攻防场景中也是不太可能实现的。因为演练主要还是为了应对真正的攻击行为，所以防御手段也应尽量采用实际对抗中可能采用的手段。否则，仅仅为了赢得对抗而实施极端的对抗手段，就失去演练的意义了。另一方面，如果企业检测和防御手段做得非常完善，会导致攻击队很难完成第一步入侵。在这种情况下，笔者团队会考虑在第一层边界放过一些恶意行为。其作用是，在第一层防御没有成功的情况下，攻击队可以帮助我们验证第二、第三层防御的有效性。所以，一般攻防演练过程中，笔者团队在前 3~5 天会选择严防死守。如果攻击队没能成功入侵，就会在一定程度上放开第一层防御。让攻击队进入互联网边界，在内网开始第二轮对抗，以此类推。

（3）结果分析

攻防结束后，最重要的环节就是对结果的分析。只有做好这一步才能真正体现攻防演练的价值。为了全视角观察整个过程，我们会从攻击者和防御者两个视角去分析结果，这与对安全事件的复盘方式有些类似。在第 7 章将展开论述复盘工作的要点。

（4）指导建设

通过结果分析，会发现我们在安全保障体系上的不足，这是下一步安全建设的重要参考。笔者在与很多安全团队管理者沟通时，经常会听到对申请资源困难的抱怨。我给他们的建议是从安全事件入手去提出安全需求，毕竟相比于相对务虚地建设一个安全保障体系，解决以前出现过的问题更容易让人接受。在短期内没有出现过安全问题的情况下，攻防演练的结果就是安全团队重要的参考。所以，再次强调，一定要重视攻防演练的结果分析。

4.4　漏洞管理体系的设计与实现

有了前面的铺垫，就要开始讨论漏洞管理问题了。笔者将对漏洞管理的需求整合到了一个系统中，整体架构从资产发现开始，第二个阶段是漏洞扫描，第三个阶段是漏洞处理，第四个阶段是数据分析和展示，如图 4-2 所示。本节应该是涉及技术术语最多的一章，主要是为了说清楚一些关键环节，略过一些不会对整节内容的理解产生影响的具体环节。

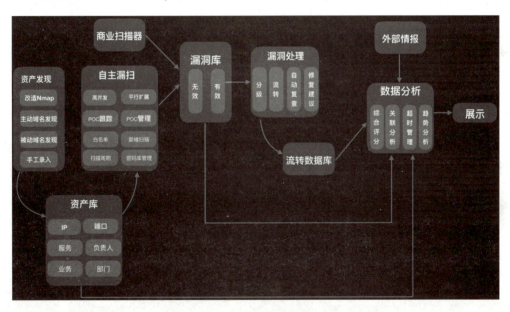

●图 4-2　漏洞管理逻辑图

4.4.1　资产发现

对于安全和运维工作来讲，资产是一切的基础，其重要性怎么强调都不过分。但大部分企业资产管理工作都不是安全部门的职责，如果运维部门能提供准确、全面的资产信息，那是非常幸福的事，此节可以直接略过。同样采用商用资产发现工具也可以忽略本节内容。从笔者了解的情况看，很多企业的资产管理工作都或多或少有所欠缺，尤其是经历了快速增长期和漫长建设期的企业更是如此。

1. IP 和服务资产

为了安全检查的全面性，安全部门的资产发现至少要确认 IP、端口和服务，至于业务线和负责人的信息可以交给相关资产管理部门来完善，具体方法如下。

（1）技术选型

经过多方面考虑，我们选择了 Masscan 和 Nmap，通过调度程序（Go worker）启动多个 Masscan 进程进行端口扫描，回收扫描结果后将端口信息推送给 Nmap 进程（也由 Go worker 实现并发）。

（2）Nmap 使用策略

1）第一步还是探活，我们用 -sn 完成探活，这里需要说明一下，很多文章讲 -sn 的时候都说仅仅是控制报文协议（Internet Control Message Protocol，ICMP）探测，但通过抓包我们发现，Nmap -sn 抓包和源码如图 4-3 和图 4-4 所示。实际策略是 ICMP+80+443。

源	目标	协议	大小	数据包过滤…	概要
172.20.149.20	1.1.1.1	ICMP_ECHO_REQ	46		回显请求 1.1.1.1
172.20.149.20:45524	1.1.1.1:443	TCP	62		[SYN] 序列号=1480483326,确认号=00
172.20.149.20:45524	1.1.1.1:80	TCP	58		[ACK] 序列号=0000000000,确认号=14
172.20.149.20	1.1.1.1	ICMP	58		发起时间:1970-01-01 08:00:00.046661,
172.20.149.20	1.1.1.1	ICMP	58		发起时间:1970-01-01 08:00:00.058050,
172.20.149.20:45525	1.1.1.1:80	TCP	58		[ACK] 序列号=0000000000,确认号=14
172.20.149.20:45525	1.1.1.1:443	TCP	62		[SYN] 序列号=1480548863,确认号=00
172.20.149.20	1.1.1.1	ICMP_ECHO_REQ	46		回显请求 1.1.1.1

● 图 4-3　Nmap -sn 抓包

```
nmap.cc    nmap.h ×
 # Edit As: C/C++ ∨  Run Script ∨  Run Template ∨
                10       20       30       40       50       60       70       80       90      100      110      120
298
299  /* Empirically determined optimum combinations of different numbers of probes:
300       -PE
301       -PE -PA80
302       -PE -PA80 -PS443
303       -PE -PA80 -PS443 -PP
304       -PE -PA80 -PS443 -PP -PU40125
305     We use the four-probe combination. */
306  #define DEFAULT_IPV4_PING_TYPES (PINGTYPE_ICMP_PING|PINGTYPE_TCP|PINGTYPE_TCP_USE_ACK|PINGTYPE_TCP_USE_SYN|PINGTYPE_ICMP_TS)
307  #define DEFAULT_IPV6_PING_TYPES (PINGTYPE_ICMP_PING|PINGTYPE_TCP|PINGTYPE_TCP_USE_ACK|PINGTYPE_TCP_USE_SYN)
308  #define DEFAULT_PING_ACK_PORT_SPEC "80"
309  #define DEFAULT_PING_SYN_PORT_SPEC "443"
310  /* For nonroot. */
311  #define DEFAULT_PING_CONNECT_PORT_SPEC "80,443"
312
313  /* The max length of each line of the subject fingerprint when
314     wrapped. */
```

● 图 4-4　Nmap -sn 源码

为了增加准确度，进一步将 Nmap 源码中的探活策略修改为更多常用端口（如增加 22、3389、3306 等），具体端口信息可以根据企业实际情况酌情处理，但不要增加太多，以免影响效率。

2）探活之后就是全端口和服务发现，这部分用 Nmap 原生功能即可。

3）IP& 服务下线策略，实际扫描中我们发现，Nmap 会由于各种原因导致漏报，所以不能在新一轮扫描没发现某个服务就直接判断该服务失效。我们的策略是连续三次扫描中都没发现该服务才会将该服务判定为下线。

2. url 资产

相对于 IP 资产，url 资产是比较麻烦的，单独用一种手段很难完全满足需求。一般通过两种手段：爬虫和流量解析。

1）爬虫：我们是通过改造前文提到过的 Pholcus（https://github.com/henrylee2cn/pholcus）实现的，目前效率还可以接受，一台服务器限制一个主域爬 15 层，2 个小时内完成 140 万个链接的任务。对于动态 url 需要进行动态接口的定制，需要考虑企业的实际情况。

2）流量解析：爬虫的诸多局限性不用多说，所以我们将访问流量解析出的 url 与 url 资产列表比对，如果有新增的就加入资产表中。换一个角度说，如果没有请求，就算这个 url 存在，我们也不必去检查漏洞，因为根本没人访问（包括黑客）。但流量解析会涉及高峰时段海量用户请求的情况下如何快速去重的问题。

4.4.2 漏洞发现

有了资产信息，下一步就是漏洞发现了，漏洞发现通过三类逻辑实现：资产信息匹配、商业扫描器、自主开发扫描器。

1. 资产信息匹配

这类方法主要适用于 0day 漏洞爆发，在没有验证脚本的情况下，通过版本信息来判断漏洞影响范围。这个比较好理解，就是前端页面设计的时候注意搜索条件的填写就好。这类方法检查漏洞是有一定缺陷的，所以还要用扫描器完成外部扫描工作。

2. 商业扫描器

商业扫描器前文已经介绍过了，优势是技术成熟、漏洞信息全面、部署简单；但缺点也很明显：①扫描速度较慢（我们的经验是约 6000 台服务器需要 7 天左右）；②大量漏洞信息需要忽略，导致整理报告时间很长；③漏洞更新需要依赖厂商，无法自定义。

3. 自主开发扫描器

为了解决商业扫描器的上述问题，笔者团队设计并开发了自己的扫描工具，下面简单介绍其运行逻辑，如图 4-5 所示。

核心扫描组件：笔者团队分别用过 Java、Python 和 Go 做分布式框架，目前看 Go 的效果最佳，但 Python 的适配性最好。基本方法是将资产信息拆分成以服务为单位的条目（如：一个 IP 开了三个服务，就是三条资产信息），将其存在 Redis 中，扫描进程启动时会先加载 POC 库，再逐条获取 Redis 中的资产信息，完成匹配后开始扫描工作。需要注意的是，这类高并发扫描逻辑要考虑被扫描资产的承载能力，尽量把压力分散到不同被扫描设备上，分散方法有很多，比如将 POC 和资产一一对应后随机进入扫描任务，或者以 POC 为核心逻辑，POC1 下所有 IP 扫描完成后再扫描 POC2 等，总之不要盯着一个 IP 拼命扫就是了。

可以优化的点：由于扫描节点和控制节点是分开的，所以获取资产信息的时候可以同时获取一组，避免网络延时对效率的影响，这还要看具体数据。

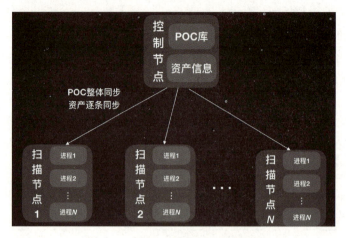

● 图 4-5　分布式扫描逻辑示意图

漏洞扫描组件与资产发现组件的配合：打破传统扫描器中资产扫描和漏洞扫描串行的方式，将资产扫描和漏洞扫描异步进行，可以随意调整，基于此我们设计了图 4-6 所示的逻辑。

1) 资产扫描（包括 IP 和 url）后针对新增资产进行漏洞扫描，比较特殊的情况是：系统第一次运行所有资产都是新增的，所以第一次漏洞扫描是全网扫描。之后每次资产扫描后，只针对新增资产进行漏洞扫描。资产扫描的逻辑只要一直循环，漏洞扫描就会随时触发，称之为"永不停歇模式"。

2) 根据资产列表中的资产信息，做定期的全资产扫描。这个扫描周期可以设定为一周。

● 图 4-6　资产扫描与漏洞扫描逻辑

基本逻辑讲完了，解释一下这么做的理由：按经验来说，漏洞的高发区域就是新增的资产和服务，所以我们将资产发现和新增资产漏洞扫描的工作设定为"永不停歇模式"。资产信息不变不代表漏洞情况不变，但这属于较低概率事件，所以进行周期扫描。这么做的另外一个好处是，执行 POC 会产生很多系统日志，虽然我们写了一些过滤脚本，但也有很多过滤不完全的系统还是会产生大量垃圾日志。但资产扫描的情况就会好很多，所以周期执行资产扫描，定期执行全网漏洞扫描可以有效减少垃圾日志的产生。

4. 自研扫描器与商业扫描器的配合

在4.2.4节中，提到过对低漏报与低误报兼得的一种模式，这种模式在漏洞治理系统中得到了应用，其逻辑关系如图4-7所示。

● 图4-7 自研与商业扫描器逻辑关系

图4-7可以比较清楚地看出商业扫描器和自研扫描器的最大不同，就是商业扫描器的结果会进入一个"临时库"中，由人工处理后再进入流转库中。临时库有如下两个功能。

（1）去重

笔者对商业扫描器的扫描策略也是采用"永不停歇"模式，也就是说在一个漏洞没修改完成之前可能又进行了一次扫描，如果漏洞信息完全一样，临时库将自动将新的结果去掉。最终的结果是对于每次商业扫描器的执行结果，仅给工程师看到最新的漏洞信息。

（2）将人工标注后的漏洞分类

需要整改的漏洞走流转，不需要整改的进入一个"可忽略"数据库。这些"可忽略"的数据为什么要留存？这是个很实际的问题，很多企业应该都会遇到过上级检查单位下发的漏洞整改通知，大部分这类通知都是商业扫描器直接导出的结果，很多漏洞都是不必要整改的，但是通过公司层面把报告发到领导手上就会产生紧张情绪。所以"可忽略"数据库就是告诉领导："请放心，这个漏洞我们在某年某月某日发现过，但是经过判断不用整改。"

4.4.3 漏洞处理

漏洞发现和漏洞管理之间最本质的区别就是漏洞处理，如前文所述，一个有上进心的团队是一定要关注漏洞处理过程的。作为一个自认为很上进的团队，笔者团队日常安全管理的一个很重要的工作就是督促漏洞整改，从整体的情况看，很多企业都遇到过修复漏洞工作推进十分困难的情况，这也直接导致了安全团队与运维和开发团队的对抗情绪。

笔者团队一直致力于让非安全部门更主动地修改漏洞，我们于2017年开发了"漏洞管理系统"，主要实现如下三个层面的能力。

（1）便捷

对于任何产品级应用，便捷性都是最基础、最重要的事。所以，驱动业务使用安全部门"系统"的最低要求就是——不能比处理邮件麻烦。这就要求在前端设计和开发上要投入更多精力。

（2）驱动

比便捷更进阶的方式是让系统有驱动力，驱动力的来源是管理层的关注。对于这一层面，我们通过数据分析及可视化将成果展示给管理层，以此来解决驱动力的问题。

（3）主动

驱动毕竟还有一定强制的成分，所以比驱动再高的一个层次是让运维和开发主动关注，这要求"系统"的内容对运维和开发有吸引力。这个层面的问题我们也设计和尝试了很多方法，比如积分制，配合一些精神和物质的奖励等，各种创意读者可以根据实际情况自由发挥。

图 4-8 是笔者所在企业处理漏洞的流程，这个流程还有很大的优化空间，给读者做个参考。

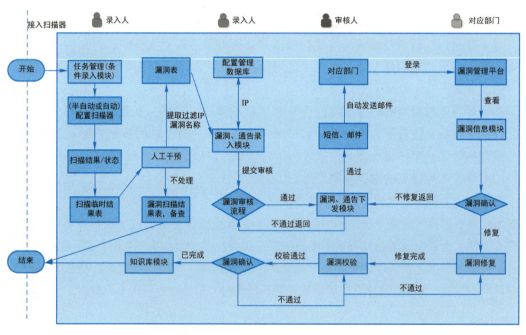

● 图 4-8　漏洞处理流程

图 4-8 看起来复杂，简化来说有如下三个阶段，就可以实现基础能力。

（1）漏洞入库

在谈到自研扫描器和商业扫描器关系的时候，已经对漏洞入库流程有一个详细的介绍。简单来说，商业扫描器的结果需要人工干预再进入"流转"程序，而自研扫描器的结果是通过 POC 验证过的，可以直接进入"流转"程序。

（2）漏洞流转

漏洞流转的方式和目前大部分开源的漏洞管理系统流程非常相似，都是对漏洞做全生命周期管理，基本涉及 5 个关键点的把控：发现、通知、整改、复查、复发。前面四个阶段都好理解，这里面最难定位的就是复发，我们也一直在研究复发的定义、定位和处理方式。目前比较容易的是弱密码和一些系统漏洞，Web 漏洞复发定位相对难一些。另外，通过自研扫描器还可以做到一个比较好玩的功能——"自动复查"，一旦漏洞状态变成"已整改待复查"后，就会触发扫描器自动复查。除非恰巧碰到扫描队列里有任务，正常情况下，单 IP、单服务、单 POC 的执行速度是非常快的，这就让系统的自动化程度更高。流转阶段会配合漏洞运营体系来制定规则，这部分内容将在第 12 章安全技术运营中展开。

（3）流程数据存储

这些数据主要用于后面的分析及展示，建议将能想到的数据都留存下来，数据量不会很大。

4.4.4 数据分析

做数据分析的最初诉求是基于业务做狭义的风险评估，以此督促业务部门整改漏洞。这部分的工作至少还有两方面的用途：一是体现安全部门工作量；二是积累相关数据为总结性的工作做好准备。数据展示方面，我们基本通过如下三个维度做数据分析。

1）漏洞概况分析。包括一些比较通用的统计，如：各类漏洞的占比、高危漏洞的业务分布、新增漏洞趋势、漏洞修复时效性等。

2）督促性分析。包括以业务为单位的未修复漏洞超时时间综合排名、最近一个月新增漏洞整改率排名、高危漏洞平均修复时间排名等。

3）内部（外包）团队工作效果评估。因为所有漏洞信息（包括无须整改的漏洞）都在系统中存在，所以一旦有外部（包括上级单位、兄弟单位、SRC 等）提交的漏洞信息，可以马上有针对性地对团队能力进行评估。

笔者团队暂时没有前端设计，所以数据分析展现不太美观，不过意思是清楚的，另外，图 4-9 旨在说明展现逻辑，数据并不真实。

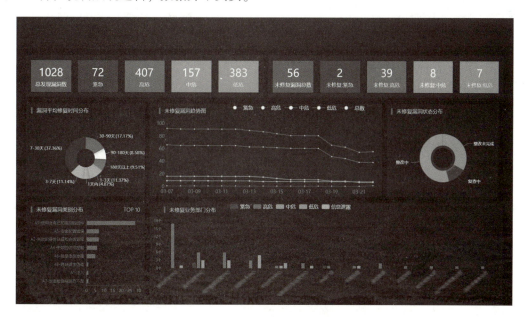

●图 4-9 数据分析展示图

4.5 漏洞管理的进阶玩法

本章用了很大的篇幅探讨如何发现、处理漏洞，希望最大限度上消灭漏洞，但谁都知道漏洞是不可能完全消除的。上面的方式做到极限的结果就是，完全消灭 Nday、1day，部分消灭 0day。如果漏洞管理做到了这个程度，再投入资源的话，边际收益就会急剧降低。这时就需要从另外的维度弥补漏洞不能全面消除的问题，比如进一步缩减攻击面、从数据分析角度检测入侵行为等。但这些都与本章内容无关，本节将继续从漏洞层面介绍一个新的维度，也就是漏洞管理的另一个思路——既然不能完全消灭新漏洞，那就生产一堆假漏洞也就是所谓的"欺骗式防御"。

1. 用假漏洞"埋"掉真漏洞

众所周知，任何一个系统都无法保证完全消除漏洞，基于这个认识，可以假设我们的网内就有一定数量的漏洞无法修复，甚至发现不了。好比是有人在网上发了 5 篇文章来骂你，你又无法删除这些帖子。这种情况下最好的办法就是再发 500 篇、5000 篇夸你的帖子，让骂你的那 5 篇帖子很难被找到。基于这个思路，我们可以在网络中生成很多蜜罐，让黑客无法快速准确地找到真正的系统漏洞，这就是蜜网的用途。

2. 假漏洞的动态生成

上述的办法看似很好，但有个致命的缺陷。无论你设置了多少蜜罐，时间一久难免被人将系统指纹、IP、URL（Uniform Resource Locator，统一资源定位符）和漏洞等信息记录下来，这样一来蜜网的作用将持续减弱。基于这种情况，笔者提出了一个假设，如果设备指纹、IP、URL、漏洞等信息都是随机生成的，管理员如不登录后台都无法知晓现在蜜网的漏洞情况是什么样的，这样一来就不用担心漏洞信息被人泄露了。这就是动态蜜网的玩法，但这个方案想真正实现，其开发量还是很大的。

3. 与实际业务相结合

上面两种手段集合看起来很完美了，但仍然有个很大的漏洞。如果黑客通过 IP 端或一些域名无目的地扫描，很可能被这些动态蜜网缠住。但如果对方目标很明确，就是企业在公网的某个业务系统，那么针对定点突破这个业务系统的攻击行为，上述手段没有任何作用。

所以动态蜜网需要考虑与实际业务的结合，一个比较可行的方式是让 WAF 把恶意行为流量直接牵引到相应的高交互蜜罐中。

4. 反制系统（威慑、取证、甚至取回数据）

对于黑客来说，入侵大部分企业系统的成本都是很低的。这里说的低成本除了黑客知识和工具获得成本低之外，还有就是犯罪成本很低。对于没有建设蜜罐或蜜网的系统来说，发现漏洞就是可用的，就算设置了各类措施没能渗透成功，无非是一些时间成本而已。在这种情况下，我们在高交互蜜罐内设置一些诱骗木马，诱使入侵者触发这些木马就可以实现一定的反制，具体反制的能力和手段可以视情况而定。但务必要注意，反制手段一定要有控制，不能将反制手段无限制扩大，比如不能让木马有网内传播的病毒能力，这会让反制系统的合法性面临巨大风险。

有了反制系统之后，企业网络的威慑力随之就建立起来了，让入侵变得成本很高。因为入侵者的各类信息很可能会被反制系统获取，而是否报警的主动权就落在了企业手中。理论上说，如果黑客盗取了企业的数据，在数据没能成功交易前，可以通过反制系统的远控木马将数据销毁。

4.6　软件安全开发周期

读到这里有些读者可能会有一个疑问，我们探讨了这么多漏洞管理的手段，但是对漏洞产生的一个重要源头——代码，没有做任何分析。源代码漏洞发现的问题是笔者团队启动比较晚的一项工作，目前已经对一个产品开展了完整的软件开发周期（Software Development Cycle，SDL），源码审核的结果和上述的治理流程整合是非常必要的。SDL 是微软提出的从安全角度指导软件开发过程的管理模式，从培训、要求到发布、响应，一共 7 个环节，如图 4-10 所示。

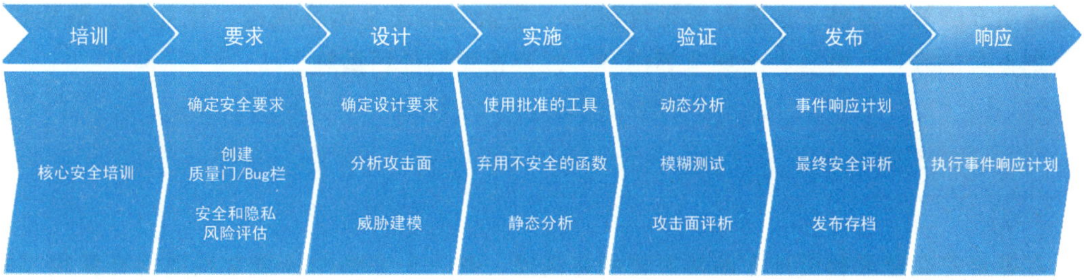

●图 4-10　SDL 的 7 个环节

这是最标准的流程，愿景非常好。但对于企业来说代价还是很大的，微软为了全面整顿安全问题，曾经停止了所有产品半年的开发计划。而且，SDL 涉及的知识维度非常多，企业如果没有强大的决心是很难推进全流程 SDL 的，所以千万不要随便许愿全面启动 SDL，逐个业务线、逐个环节的开展对安全团队是个保护性的策略。针对 SDL 全流程的具体介绍，大家可以在网上搜索到很多资料，如果全面展开会占用很多篇幅，在此简单分析一下各个关节的关键点。

4.6.1 培训

从笔者的经验来看，SDL 整个过程要想顺利推进，培训非常重要。因为 SDL 的整个流程非常长，涉及了多个部门的人参与，如果大家从意识和技能上不能匹配流程，几乎不可能通过安全团队的一厢情愿实现最终目标。培训的基本目标是先摆正态度，至少让大家知道我们要干这么一件大事，而且非常有必要，之后才是具体技能的学习。

安全相关的培训总体来说可以分为安全意识培训和软件开发的相关培训。安全意识培训全员可参与，不限于开发人员，具体内容将在安全运营部分展开。而软件开发方面的培训根据业务可以分不同工种开展。

（1）漏洞利用案例

无论什么语言的开发，在开始前都要先明确漏洞的危害，让开发人员从主观意愿上认同软件安全的必要性。

（2）Web 开发

侧重于 SQL 注入、XSS 跨站、越权漏洞等 Web 常见漏洞的原理和规避方法，同时也要有针对性地提示 GitHub 敏感信息上传和与之相对应的处罚措施。

（3）APP 开发

可以分别从 Android 和 iOS 两个方面介绍数据存储、传输、使用等各个环节的安全风险和防范措施，同时培训两个平台的安全机制。当然也可以培训包括逻辑漏洞、APP 加固与破壳方法等方面的内容。

（4）运维安全

侧重于企业安全基线配置方面的培训，可包括最小化权限、禁止远程 root 账号、简单安全巡检方法等，另外，也要针对性地提示一些企业的安全运维规范，比如禁止跳板机登录、禁止共享账号、机房进出规范等内容，以及相关的处罚措施。

4.6.2 要求与设计

在确定安全要求和设计方面最重要的是沟通，拿一个完整的标准文档甩给开发很容易，但是引起相互间无休止的推诿，最终导致计划流产。这个阶段对技术团队来说是非常耗费心神的，所以常态化地与相关部门搞好关系对安全团队来说非常重要，尤其很多企业中开发团队和话语权会大于安全团队。

这个环节对安全团队的另一个考验是对产品的理解，安全团队站在安全的角度提出专业要求本身没有问题，但如果不分主次地提出极为严格的要求是没有意义的。除安全视角外，需要关注产品设计，甚至企业运营目标，将这些视角结合在一起，最终才能确定哪些安全要求和设计是必需的，哪些可以接受的。当然，最终妥协版的方案需要将残余风险交代清楚，并形成文档，避免后期"背锅"。

4.6.3 实施与验证

到了这个阶段终于回到了技术领域，实施阶段主要看前期培训和沟通的效果，这些安全团队基本不可控，可以通过验证的结果反推开发部门去调整不好的习惯。但不能完全指望验证阶段的调整，因为验证阶段永远不可能找到所有的问题。不断通过培训、要求、验证、反馈这个循环督促开发团队优化工作方法，这是个循序渐进的过程，不要奢求一蹴而就。

无论通过黑盒或白盒，都不能确保所有安全问题得到解决。但对同一个系统的黑、白盒测试的结果相互印证，可以检验安全检测手段的全面性。黑盒测试发现的漏洞，白盒测试没有发现，我们就可以去关注白盒测试的完整性。

4.6.4 发布与响应

发布是软件开发的最后一个环节，但对于安全来说一切才刚刚开始。在制定应急响应的计划的过程中，第三方开发的代码需要制定与第三方联动的机制。同时对于前期已经达成一致的可接受或可忽略风险要做好存档，这部分风险要更加细致地做好应急预案。

还有另外一个问题，企业在做 SDL 前要先做好流程上的准备，如果某个系统可以在规避安全部门参与的情况下上线，那么整个体系就形同虚设。所以，上线流程对 SDL 来说非常重要。

上线以后就进入了常规安全保障的阶段，根据已有的安全保障能力和已经制定好的应急预案执行相关操作即可。

很多情况下，大家都已经习惯了写代码的阶段很随意，等到上线前再做检测，甚至等上线后再做黑盒检测。从企业配备的安全资源来看，后期黑盒测试是最容易落地的，企业安全建设的不断深入，就是安全控制点不断往前推进的过程。

4.7 小结

漏洞挖掘是所有安全团队都需要面对的一项工作，但漏洞修复则是让很多安全团队头疼的问题，其原因是我们用处理技术问题的思路来处理漏洞。现在有越来越多的团队开始将视角转向漏洞产生的源头——源代码。但 SDL 是一项非常重的工作，可以从某个环节入手，不断地丰富控制手段。如前文所述，漏洞管理涉及很多方面的工作，其核心是一种运营的思路，具体安全运营方面的工作将在运营篇展开。

第5章
主机安全

随着信息系统不断向云上迁移，很多传统的安全手段很难部署在云环境中（尤其是公有云）。而主机安全因为可以完全与网络拓扑解耦，而受到越来越多的关注。主机安全市场也在近年来不断成熟，目前几乎所有主流安全厂商都有了自己的主机安全产品，而专注于主机安全产品的企业也在不断增加。从笔者的角度看，主机安全产品着实让人又爱又恨。

从主机层面，安全组件可以获得更高的权限和更精确的信息（如进程、内存信息等），以及更精确的防护动作。另外，在公有云环境中，网络安全类产品基本都需要采用公有云服务商的产品，而主机安全是为数不多的可以由租户自己选择的产品，这为多云环境下安全数据统一打下了良好的基础。

与此同时，虽然安全团队可以通过 Agent 把"手"伸到主机层面，获得更高的检测和防护效果。但 Agent 部署后，将面对大量的不确定性。Agent 与业务的兼容性问题，就让很多安全团队在决策主机安全产品时望而却步。就算完美上线，以后各类运维层面的灵异问题，安全团队都需要介入排查，无形中又增加了个背锅的可能。

但在上主机安全产品前，有一项更基础的工作需要做好，就是基线配置。在谈主机安全产品前，我们就先来看看基线配置方面的问题。

5.1　基线管理

笔者一般将基线检查与整改和漏洞管理统称为脆弱性治理工作，之所以能统一，一方面基线与漏洞确实都属于系统脆弱性问题，第二基线整改的流程和思路也与漏洞类似。但基线的相关工作也有其特殊性，本节来探讨一下基线治理的过程。

5.1.1　基线治理过程

对基线的治理过程，我们分为基线确定、检查和推进整改阶段。

（1）确定基线阶段

这个阶段主要面临基线规则的可落地性问题。一方面过于通用的标准落地效果太差，因为标准的基线核查规则在很多企业落地时会出现超大规模不合规的情况；另一方面，如果根据业务系统定制基线，会出现大量不同的基线标准，从而造成海量检查工作，另外大量不同标准基线的维护本身就是一项非常艰巨的任务。

对这种两难状态的处置方式，可以先制定重要的、可落地的检查标准，在大幅缩减工作量的同时，快速地将基线检测工作向前推进。在此基础上再不断优化检测规则。经过实践，这种方式不一定是最好的，但是应该是最容易落地的。

（2）检查阶段

针对商业产品需要解决将详细策略快速导入的问题，这需要根据产品实际情况进行处理；人工检测的方式效率最低，但准确性也足够高，资产较少的企业可以考虑这种方式，但资产量较大的企业就涉及定制检查脚本的工作了,在基线策略明确的情况下,如果企业自动化运维体系是准备好的,可以将检查脚本自动推下去。如果没有自动化运维体系就涉及人工或半人工的下发检查脚本。最后,结果分析是整个工作的重点,对于有代码能力的团队来说,对检查脚本的输出结果进行预处理是非常有必要的,可以大量减少人力成本。

(3)推进整改阶段

相比检查阶段,推进整改阶段更为重要,而且更困难。在实际工作中,很多因素会导致基线无法整改,或者整改推进缓慢。对于这种情况,有如下建议:①增强相关人员的安全意识,以笔者的从业经验看,安全工作中员工安全意识的重要性一点都不比安全技术的重要性差。要求相关人员提高安全意识,可以有效地提高基线问题修复的效率。②流程控制,通过内部流程强化内部对基线问题修复的重视程度。但需要根据具体情况选择是强流程(如:不满足要求不准许上线),还是弱流程(如:先上线,但持续跟踪)。③红黑榜机制,通过以业务为单位的脆弱性评分排名,再将排名输出到关键位置(如 CSO 办公室)的方式,以及表彰修复较快团队的方式,提高基线问题修复积极性。④企业内部 SRC 机制,通过内部 SRC 的方式鼓励团队间互相发现问题。上述方式总体上与漏洞管理的思路相近,可以考虑合并处理。

其他问题: ①最新/自研技术没有标准的基线要求,可以参照等级保护标准和行业监管标准制定基线标准。②安全基线基础配置量较大的问题,可以要求镜像系统实现镜像标准(云平台),或者通过安全网关的方式将内部资产保护起来。

5.1.2 常见基线要求

基线要求可以从五个维度提出:要求编号、适用版本、要求内容、监测方法、加固方法。用 CentOS7 中关闭 telnet 的要求举例,具体见表 5-1。

表 5-1 CentOS7 中关闭 telnet 的要求

要求编号	安全要求-CentOS 主机-服务-配置 1
适用版本	CentOS7
要求内容	关闭 telnet 服务
监测方法	vi /etc/xinetd.d/telnet disable=yes 关闭 disable=no 开启
加固方法	vi /etc/xinetd.d/telnet 修改 disable=yes

Linux 常见基线配置要求见表 5-2。

表 5-2 Linux 常见基线配置

总体要求	具体要求	详细要求
1. 关闭不必要的服务	1.1 关闭 telnet 服务	
	1.2 停止或禁用与承载业务无关的服务	

(续)

总体要求	具体要求	详细要求
2. 账号管理	2.1 用户口令设置	2.1.1 修改密码最长使用天数
		2.1.2 修改密码长度
		2.1.3 检查是否存在空口令
		2.1.4 修改密码复杂度，文件中是否对 pam_cracklib.so 的参数进行了正确设置
		2.1.5 禁止使用旧密码
	2.2 UID 检查	
	2.3 Umask 安全配置	
	2.4 锁定不必要的用户	
	2.5 禁用不必要的组	
3. 权限管理	3.1 系统重要文件访问权限	
4. 日志管理	4.1 rsyslog 登录事件记录	
	4.2 日志策略配置文件	
5. 访问控制	5.1 firewalld 防火墙	5.1.1 是否安装防火墙，防火墙状态
		5.1.2 检查 IPtables 相关配置策略
6. 审计管理	6.1 启动审计服务	
	6.2 检查审计策略	
	6.3 防病毒管理	
7. 安全管理	7.1 root 账户登录限制	
	7.2 用户锁定策略	
	7.3 远程连接安全配置	
	7.4 限制可以 Su root 用户	
	7.5 登录超时设置	
	7.6 使用 SSH 远程登录	
	7.7 禁用 banner 信息	
	7.8 禁用 X-Windows 系统	
	7.9 剩余信息保护	
	7.10 限制信任主机	
	7.11 防止误使用〈Ctrl+Alt+Del〉重启系统	

Windows 常见基线配置要求见表 5-3。

表 5-3 Windows 常见基线配置

总体要求	具体要求	详细要求
1. Service Packs 和 Hotfixs 安装情况	1.1 Service Packs	
	1.2 Hotfixs	

（续）

总体要求	具体要求	详细要求
2. 审计和账号策略	2.1 密码策略	2.1.1 修改密码最长使用天数
		2.1.2 修改密码长度最小值
		2.1.3 修改密码最短使用期限
		2.1.4 密码必须符合复杂性要求
		2.1.5 防止使用旧密码
		2.1.6 用可还原的加密来存储密码
	2.2 账户锁定策略	2.2.1 修改复位账户锁定计数器
		2.2.2 修改账户锁定时间
		2.2.3 修改账户锁定阀值
	2.3 安全选项	2.3.1 禁用来宾状态
	2.4 审核策略	2.4.1 是否审核用户权限分配策略、审核策略或信任策略的每一个更改事件
		2.4.2 是否审核用户登录或注销计算机的每个实例
		2.4.3 是否审核用户访问指定了自己系统访问控制列表的对象的事件
		2.4.4 是否审核事件的详细跟踪信息
		2.4.5 是否审核用户访问指定了自己系统访问控制列表的 Active Directory 对象的事件
		2.4.6 是否审核执行用户权限的用户的每个实例
		2.4.7 确定在用户重新启动或关闭计算机时，或者在发生影响系统安全或安全日志的事件时是否审核
		2.4.8 是否审核用户登录或注销另一台计算机（用于验证账户）的每个实例
		2.4.9 是否审核计算机上的每个账户管理事件
	2.5 事件查看器	2.5.1 保持方式、日志最大占用空间
3. 安全设置	3.1 登录时间过期后断开与客户端的连接	
	3.2 修改暂停会话前所需的空闲时间量	
	3.3 禁止服务器消息块（Server Message Block，SMB）重定向程序向不支持身份验证期间进行密码加密的非 Microsoft SMB 服务器发送纯文本密码	
	3.4 禁用恢复控制台 SET 命令	
	3.5 禁用自动管理登录	
	3.6 关闭系统时清除虚拟内存页面文件	
	3.7 禁止系统在未登录的情况下关闭	
	3.8 禁止在 Windows 登录屏幕中显示最后登录到计算机的用户名称	

(续)

总体要求	具体要求	详细要求
3. 安全设置	3.9 需要按〈Ctrl+Alt+Del〉才能登录	
	3.10 可被缓存的前次登录个数为零	
	3.11 重命名管理员账户只有 Administrator	
	3.12 禁止 SAM 账户的匿名枚举	
	3.13 禁止"存储的用户名和密码"保存通过域身份验证的密码、凭据或 .NET Passports 以备日后使用	
	3.14 无法记录安全事件时系统关机	
	3.15 审核全局系统对象的访问权限	
	3.16 当审核权限使用策略生效时,审核包括备份和还原在内的所有用户权限的使用	
	3.17 只有 Administrators 组里用户可以使用关机命令关闭操作系统	
	3.18 禁止 Guests、User 组作为终端服务客户端登录	
	3.19 只有 Administrators 组具有作为终端服务客户端登录的权限	
	3.20 检查允许哪些用户和组通过网络连接到计算机	
4. 注册表安全设置	4.1 禁止 CD 自动运行	
	4.2 修改远程桌面连接端口号	
	4.3 不必要的服务	4.3.1 检查是否通知选定的用户和计算机管理警报
		4.3.2 检查是否启用"剪贴簿查看器"存储信息并与远程计算机共享
		4.3.3 检查是否允许维护网络上计算机的更新列表,并将列表提供给计算机指定浏览
		4.3.4 检查是否允许警报器消息被传输
		4.3.5 检查是否允许远程用户修改此计算机上的注册表设置
		4.3.6 检查是否允许在局域网以及广域网环境中为企业提供路由服务
		4.3.7 检查是否允许远程用户登录到此计算机并运行程序
		4.3.8 此计算机通过网络的文件、打印和命名管道共享
		4.3.9 禁止通过 Internet 信息服务管理器提供 Web 连接和管理
5. 防火墙与防病毒软件	5.1 防火墙安装	
	5.2 防病毒软件安装	
	5.3 引擎更新	
	5.4 自动更新	
6. 异常状态检测	6.1 异常端口	
	6.2 异常服务	
	6.3 注册表自动运行项	

5.2 主机安全类产品

前文提到了安全人对终端检测与响应（Endpoint Detection and Response，EDR）类产品又爱又恨，但无论是爱是恨，有需求在，有产品在，我们都要研究一下主机安全产品的现状。

5.2.1 OSSEC 介绍

关于主机安全，最有名的应该就是 OSSEC 了。OSSEC 可以适应大部分企业的规模，而且因为使用的人较多，所以可以从网上找到很多教程，用于安装、配置、规则编写，甚至排错。在预算有限的情况下，对主机安全有需求的团队来说，OSSEC 是个很好的开源产品。其主要功能如下。

1) 日志分析：通过分析日志，发现异常。Agent 本身并不进行日志分析，对日志的解码和分析规则是通过服务端完成的。

2) 文件完整性检测：监控系统关键文件，避免被恶意修改。Agent 会定期（周期可配置）扫描关键文件，并将校验值发送给服务端，服务端将校验值与本地的标准值进行比对，发现异常即报警。

3) RootKit 检测：检测系统中常见的 RootKit 行为。

4) 联动响应：在配置好执行脚本后，将脚本与上述检测规则关联，实现对明确策略的自动响应。

在已有规则的基础上，也可以通过配置策略实现定制化功能。但在大规模部署的时候需要提前测试集群部署能力，在高负载服务器上部署时需要注意资源消耗，因为 OSSEC 对性能消耗的优化做得并不好。

在基础功能的基础上，OSSEC 还支持通道安全、告警分级、自定义日志解析、瘦终端支持、暴破检测等功能。更多关于 OSSEC 的内容大家可以在网上搜索，也可以参考兜哥的《企业安全建设入门》，里面有详细的介绍。

5.2.2 商业产品

由于商业产品迭代很快，本节将梳理产品选型的注意事项，至于具体功能将在 14.1 节中讨论。企业安全团队对主机安全产品的选择可以关注如下内容。

（1）兼容性问题

主机安全类产品的兼容性是最大的问题，一定要进行全面测试才能上线，而且需要与运维和业务系统充分沟通。

（2）产品功能的取舍

不同于其他专用的安全产品，主机安全产品强大的功能往往意味着宿主机资源的消耗。我们需要对产品功能进行取舍。

（3）功能的实现逻辑

对于绝大部分的分析功能，产品设计时可以选择从 Agent 端实现或从服务器端实现，产品选型时一定要弄清这些功能的实现逻辑。在负载较高的服务器上，就尽量减轻 Agent 的计算量；反之，在负载较低的服务器上，让 Agent 承担部分计算压力，可以减少服务器端的硬件需求。

（4）紧急情况处理

在发生主机异常情况时，Agent 要有自动下线，甚至结束自己进程的能力，以保证业务的正常运行，更重要的是关键时刻可以证明自己的"清白"。

5.2.3　企业的选择

一般情况下，企业可以根据预算和需求情况灵活选择开源或商业产品。但经过笔者分析，EDR 产品 Agent 的能力在很多自动化运维的 Agent 上都可以实现。如果企业已经具备了比较完善的自动化运维能力，安全团队自定义分析规则，然后与自动化运维系统联动，也是一个可选项。而且这种方式也规避了安全团队在主机端要背负的压力，少了很多背"锅"的可能。大家对比图 5-1 和图 5-2 就可以看出，如果能复用运维平台能力，安全团队可以节省大量的基础工作，从而将精力放在安全分析和联动策略的制定和开发上。

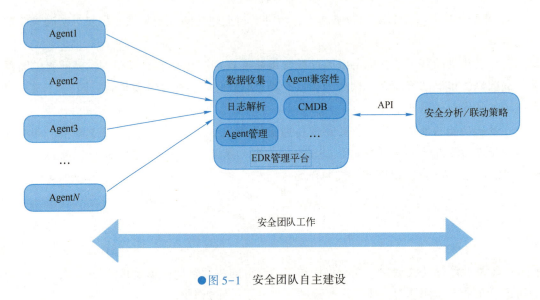

● 图 5-1　安全团队自主建设

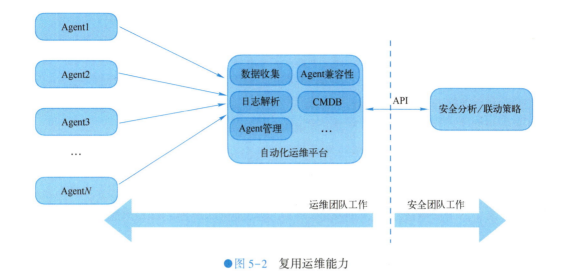

●图 5-2 复用运维能力

5.3 小结

随着主机安全类商业产品的成熟,将不断有企业选择相关类型的产品,即使不选择商业产品也会选择一些如 OSSEC 之类的开源产品。但无论哪种产品,都要十分注意安全 Agent 和企业应用的兼容性问题。这些产品的使用,会减少复用运维部门和安全部门的工作量,并节省他们的精力。

第6章
威胁管理

威胁感知这个名词，大家应该都不陌生。2015 年开始，伴随着"态势感知"概念的兴起，很多企业都开始了相关的建设。当时更多人把注意力都放在了"展示大屏"上，认为有一个炫酷的界面就可以叫态势感知了。在随后的几年，态势感知的概念慢慢变成了噱头的代名词。伴随这种情况，有些厂商提出了威胁感知，其概念比态势感知小，但更容易落地，对企业的价值更直接。本章笔者将从数据、策略、联动、展示等几个方面介绍威胁管理的相关思路。

安全工作本质上就是在协调威胁和脆弱性之间的关系。威胁管理工作就是要用各种手段感知外部（或内部）威胁的存在，从而对威胁进行有效处置。

6.1 威胁检测产品现状

简单的威胁发现产品在市场上很早就有，其形态主要是安全检测类产品。市场上此类产品品类非常多，其能力、效果、技术原理均有不同。所以有必要先梳理一下安全检测类产品基本情况。

（1）NIDS

网络入侵检测系统（Network Intrusion Detection System，NIDS）恐怕是安全检测产品的先驱了，在 HIDS 还没有引起人们注意的时候，一般直接用 IDS 来称呼。NIDS 的优势是不改变任何网络和系统的结构，通过网络流量实现所有分析策略，且速度快。其劣势也很明显，NIDS 的使用者基本上都会有一个相同的反馈——报警太多。是的，传统 NIDS 的工作方式都是通过单向流量特征匹配的模式，特征库越多，报警就越多。而且大部分 NIDS 特征库不支持自定义，也无法导入白名单。笔者团队每天接收并处理 NIDS 报警超过 400 万条，当然这不可能是人肉处理的，具体的处理方式将在后文中阐述。

（2）HIDS

从 2017 年起主机入侵检测系统（Host Intrusion Detection System，HIDS）渐渐兴起，HIDS 的优势是其基于主机层的检测能力可以拿到网络流量中拿不到的数据（如开发框架、应用版本等），数据丰富了，检测效果一定更好。但主机层安全检测的最大问题就是 Agent 的部署，甲方安全团队决定部署 Agent 首先要考虑如下几个问题。

1）与运维 Agent 能力重合，如何说服公司多花钱购置双份的能力？

2）几乎所有主机故障都要排查一次安全 Agent，安全团队有没有足够的人手配合故障排查？

3）安全 Agent 问题引发的业务连续性受到影响，安全团队有没有做好随时负责的准备？

可见，相对 NIDS 来说，HIDS 的部署给安全团队带来的风险更大，推动难度也更大。但由于 HIDS 的独特优势，开源和商业的 HIDS 产品越来越多。尤其是越来越多的企业使用公有云之后，如果不准备选择云厂商提供的检测能力，HIDS 几乎是唯一的选择。

（3）双向检测

近年来，越来越多的产品升级了 NIDS 的能力，从原来的单向检测变成了双向检测。其好处是可以极大程度地减少误报，同时对大规模扫描事件实现了过滤。有些产品还集成了安全情报，使分析更加准确。这类产品的问题在于，极大提高准确率的方法必然降低召回率。在使用这类产品前，建议使用者一定不要陶醉于产品报警的准确率，还要考虑如何提高召回率，尤其针对高危事件。这方面的问题在运营篇中会详细讨论。

（4）威胁感知

态势感知的产品虽然越来越多地被大家所诟病，但其概念还是非常有价值的。正是因为其概念过大，导致很难全面落地，所以很多企业将更多的精力放在了威胁感知上。市面上威胁感知系统的种类也非常多，笔者认为，威胁感知的概念之所以能覆盖上述三类产品，就是因为它可以整合更多维度的数据，使企业能够从更多维度审视自身面临的威胁。目前看来，比较完善的威胁感知系统应该至少可以综合分析安全日志、流量和系统/应用日志这三类数据。甚至要关联企业内部脆弱性数据，比如漏洞、基线、资产等信息。在选择威胁感知产品时需要特别关注的是产品的开放性，因为几乎所有成熟的威胁感知产品在企业落地时都会遇到"水土不服"的问题，过于封闭的产品则很难解决这类问题。

6.2 威胁感知系统建设思路

笔者团队的威胁检测系统建设并不是"拍脑袋"决定的，我们从一个小故事开始。

某天，我们的系统遭受了一次入侵，经过甲乙双方团队共同努力，我们将对手完全清除了出去。在事后回溯整个过程的时候，笔者发现安全团队可以很好地复原黑客全部入侵过程，包括什么时候开始探测、哪里是提权、哪里在撞库、从哪里拿了核心权限、又从哪里上传了恶意文件。正当分析完成准备收工的时候，笔者提出一个问题：既然我们有能力回溯整个事件，说明我们的分析能力是足够的，那为什么我们一定要在事后再输出分析能力呢？有没有可能把安全分析能力放到事中去？

从那天开始，我们连夜设计了威胁感知系统的雏形，总体的逻辑到目前还在沿用，如图6-1所示。

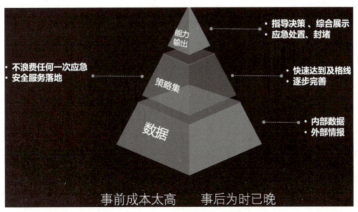

● 图6-1 威胁安置总体逻辑

6.2.1　数据获取

数据是威胁感知的基础，没有数据空谈检测肯定是在"耍流氓"！但在数据获取方面，首先要避免一个误区——通过数据找场景。在进行很多技术交流的时候，厂商的工程师们经常会先询问企业有什么数据可用，然后再对标自己的产品能否实现某些分析场景。这种方式在甲乙双方的技术交流中确实没有问题，但企业安全团队在设计威胁感知系统的时候，要避免这种容易产生盲点的方式。笔者建议要通过场景找数据，根据需求确定好了分析场景再去看数据能否拿到，如果拿不到再看看有没有什么替代手段，实在没有替代手段，最后再考虑对分析场景进行调整。

另外，在安全团队投入有限的情况下，建议基础的数据处理可以复用公司运维，或者数据中台的基础设施。这样可以有效减少安全团队的精力投入，也避免了部分数据的重复存储。但一些不方便公共存储的敏感数据则可以单独存储，可以根据企业实际需求判断数据存储方式。

6.2.2　策略集

这是整个系统最重要的部分。这里说的策略是对数据的分析逻辑，而策略集就是大量分析逻辑的组合。对于策略集的建设，笔者团队采用了与安全厂商联合开发的方式，原因有二。

1）商业产品没办法解决所有问题，采用商业产品做安全检测是很多企业的选择，正如6.1节对产品现状的分析，任何产品都有它的劣势。但这还不是最重要的，笔者认为企业的安全需求是千差万别的，而且攻防双方的手段更是不断变化。一方面，商业产品出于通用性的考虑，分析策略不太可能非常全面；另一方面，对于新的攻击手段，很多商业产品也不支持深度定制，或者深度定制的成本非常高。

2）我们的团队规模和能力都无法支持全面地自主研发。相信国内大部分企业都没有能力全面研发一款产品（那些行业内的头部企业不在讨论范围内，他们不仅能自研还能输出），从另一个角度来说，企业也不需要一个完全自主可控的安全产品，而是解决实际问题。

我们对整体策略集的开发采用了快速及格、逐步提高的建设思路。

所谓快速及格，就是通过购买商业产品或者与商业公司联合开发的方式，快速地建设一套标准的威胁检测系统。如果采用商业产品，需要对产品的开放性和集成能力有较高的要求，否则后期基于这套系统做集成就会变得非常困难。有了这套系统，仅仅达到了一个及格线，要达到最终目的就需要逐步提高来实现。

顾名思义，逐步提高是一个长期的过程，以笔者的经验来看，这个过程是企业安全从及格到优秀的重要过程。我们通过两种方式实现"逐步提高"。

(1) 不浪费任何一次应急

通过应急事件发现问题，经过相应的安全建设后保证安全事件 0 复发。这个思路我们最早的应用就是在威胁感知策略集完善的工作中。在基础检测策略准备好的情况下，入侵事件悄无声息地发生意味着什么？当然是系统检测能力存在缺陷（当然也可能是数据层面的问题），明确了这个缺陷就意味着我们的系统检测能力有提升的空间，需要通过完善基础数据和策略集的分析手段，避免同样事件再次发生。这个正反馈机制形成后，任何安全事件和攻防演练都可以成为安全团队能力提升的契机。

(2) 安全服务落地

很多企业都会购买不同类型的安全服务，有关安全服务的内容会在后面的章节中具体分析。在此，我们分析一个威胁感知相关的场景。笔者团队早年间采购安全数据分析服务的时候，采用的是人直接分析数据的方式，我们每天的安全数据大概有 1000 万条左右，还不包括配合分析的应用日志和流量数据，所以靠人肉分析的方式是肯定无法完成工作的。从"策略集"建设思路确定开始，安全分析人员的工作有了一个转变——由分析数据到制定分析策略，这些策略由一个小型开发团队变成工具，后面的数据分析工作就变成了：工具处理数据→输出结果→人处理结果，这是一个很重要的转变。整个过程分为策略制定和策略使用两个环节，实现方式如图 6-2 所示。

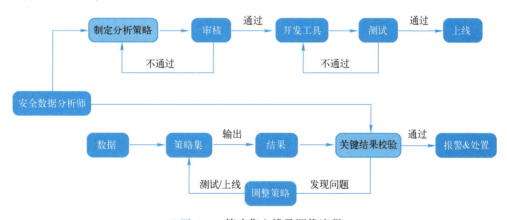

● 图 6-2　策略集上线及调优流程

在图 6-2 中的策略制定 & 开发环节中，由于每个企业的安全需求和场景都不一样，需要安全团队根据企业的实际情况制定一套安全分析的策略集。一般来说，策略集可以分为两个层面：一是通用策略集，前文提到的快速及格所实现的就是通用策略集，企业实际情况对此类策略集影响不大，只需调整部分参数即可；二是定制化策略集，这类策略集需要制定者非常明确企业的安全需求，并能够设计出符合需求的分析方法，这是策略制定的核心部分。具体开发工作甚至可以交由第三方外包团队完成。

策略使用过程中，在策略集上线后（尤其是上线初期），需要对关键结果进行校验，以便发现策略制定过程中的问题，并随时调整策略，使准召率不断提高。策略使用过程中，对报警的处置也很关键。6.2.3 节会详细介绍策略使用环节中需要解决的报警分级问题，哪些可以忽略、哪些需要人工校验、哪些需要立即封堵。有了这些分级后，后面的联动才能有的放矢。

6.2.3 能力输出

无论策略分析的能力是强是弱，都需要把能力输出来才算有价值，否则又掉入了"炫技"的陷阱之中。笔者团队在做数据分析初期，仅用了两三天写的一个脚本分析入侵检测系统数据，跟访问控制列表（Access Control List，ACL）联动之后产生了很好的效果（当然是跟没有分析策略相比）。也就是说，将分析的结果适当输出是非常重要的。以下从联动、决策依据和综合展现三个维度对能力输出进行分析。

1. 联动

严格意义上来说，联动不是威胁感知体系内的能力模块，毕竟这个部分注重的是"感知"。但没有联动手段的感知好比只能检查不能治病的医院，这对于患者来说是没有意义的。相信安全行业的从业者几乎都见过仅负责展示的威胁感知或态势感知系统。从厂商设计产品的角度来说，无可厚非，但从企业安全负责的管理者角度来说，需要的是真正消除威胁，而不是展示威胁。

联动的手段则可以多种多样，总体分为人工和自动化两种。

人工联动很好理解，一般在初期都会选择人工封堵的方式对抗恶意行为，在手段不断完善的过程中会有越来越多的动作由程序完成。但这不是说人工处置威胁只是初级阶段要考虑的问题，很多处置手段在目前的技术框架内是没法实现自动化的，比如：漏洞修复、APT 判别等。

所以对于企业来说，人工处置一部分问题是必然的，但是在感知层进行人工处置需要注意一些问题。

（1）时间问题

对于大部分 5×8 h 工作制的企业来说，工作时间的告警可以做到准实时处置，而非工作时间的告警就需要等到有人上班才可以处置，可能每天早上积压的告警量比 8 h 工作时间还多。进阶一点的方式是远程办公，对于有远程办公条件的企业来说，可以在非工作时间，将重要告警推送给相关负责人，进行在线处置。再进阶的方式是设置 7×24 h 值班岗位，准实时处置感知系统的告警。但对于后两种情况来说，都需要调整非工作时间（尤其是凌晨）的告警策略，大量误报会导致值班人员对告警的重视程度下降，这是非常严重的问题。在不考虑值班人员满意度的情况下，试想如果值班人员每处置 10 条，甚至 100 条告警才有 1 条有效，那么在有其他类别的事件需要处理时，安全事件的处置一定会被搁置。所以针对这个时间段的告警，笔者团队会选择提高准确率，而降低召回率。

（2）时效性问题

解决了准确率的问题后，就需要关注处置威胁的时效性问题了。时效性指的是处置告警的效率。由于是人工操作，要充分考虑企业的实际情况来制定报警频率。拿封堵恶意 IP 的工作来说，笔者团队在设计封堵周期的时候，认为从行为产生到封堵的最佳性价比时间是

15 min（理由会在下文详细阐述），但这个时间间隔对于人工操作来说是不现实的。我们根据当时团队的工作量、工作机制和技术能力，决定封堵周期为：日常 12 h、重保期间 10 min。

（3）误操作规避

在设定重保期间每小时封堵一次恶意 IP，有一个非常大的风险，就是误操作。部署安全策略，尤其是公网边界的安全策略一旦出现失误，对系统可用性的影响非常大。在频繁操作防火墙或 ACL 策略的时候一定要对操作人员进行充分培训，尤其针对 ACL 策略，最好将操作预定配置脚本，避免出错。

（4）人员水平问题

对于较为复杂的处置方案，需要工程师具备较高的技术水平。而从目前的行业现状来看，安全人员的短缺导致值班人员的水平很有可能达不到要求。这需要安全团队准备有效地培训机制，所谓有效是帮助值班人员具备快速处置各类事件的技能，而背后的技术原理则不是重点。

如前文所述，在联动过程中，部分工作一定是由人工联动逐步向自动化联动转变的。总的来说，自动化手段本质上就是解决人工处置的一些问题。而自动化联动的实现需要企业投入一定的资源实现，所以我们有必要先阐述清楚其价值，再考虑如何实现的问题。

价值 1　缩减处置周期。笔者团队曾认真分析过一个问题：在有一定情报的情况下，黑客最少需要多长时间可以完成渗透-横向移动-获取所需权限等动作？经过分析得出结论，在对方有部分情报的情况下，大概 15 min 左右。所以 15 min 就变成了我们进行威胁处置的时间周期，而想实现这个封堵周期就一定要有自动化的手段，人工操作是不现实的。当然这个周期可以根据企业实际情况灵活配置，最重要的是适合企业情况。

价值 2　避免误操作。误操作的危害前文简单阐述过，用自动化手段去执行海量反复操作是最好的选择。但采用自动化手段需要考虑的是高频操作对设备造成的压力，配置策略的时候一定要考虑操作频率和推送配置量的问题。

价值 3　7×24 h 工作。我们经常讨论这样一个悖论，绝大部分企业中，工作时间都是白天，而黑客的工作时间大部分都在晚上。无论是早 9 晚 6 的工作时间，还是"996"的工作强度都无法完全应对黑客随机的行为方式。所以，有一个程序帮助人 7×24 h 地巡航，就算只能解决最初级的问题也是很有价值的。

在明确价值之后，就进入实际落地阶段了。一般来说，自动化联动通过如下几种方式实现。

（1）自动化运维

如果企业已经实现了自动化运维，这是安全团队最愿意看到的方式，我们可以直接对接自动化运维平台，实现所有需要的操作。而对于还没有实现自动化运维的企业，则需要考虑下面的方式。

（2）API

对于开放 API 的防御产品，对接是最容易的。但是从目前的行业现状看，主动开放 API 的产品并不多见，建议（仅仅是建议）企业采购防御类安全产品时将开放部分 API 接口作为采购要求。

（3）CLI

在对接交换机和服务器的时候，就需要采用命令行接口（Command-Line Interface，CLI）的方式。在执行 ACL 策略时，一定注意策略的逻辑性，也要注意不同设备对策略数量的限制。笔者团队目前联动 CLI 采用的是 netlib（之所以不用大名鼎鼎的 fabric，是因为 fabric 针对提权只提供 Linux 的 sudo() 方法，而没有针对交换机 enable 的方法）建立 ssh 连接，并完成登录、命令下发及退出的动作。大致方法是：将"设备 IP 地址""用户名""密码""提权密码"数据传入该模块后，即获取了交换机（或路由器）的最高权限（如 enable 提权时有密码，需使用 ssh.set_enable（"密码"）方法进行提权。）该模块随后使用 ssh.command（"show 相关命令"）方法获取现有交换机 ACL 配置并对其进行分析得出要下发的指令，再通过 ssh.command（"ACL 配置命令"）方法将命令下发至交换机（路由器）。

（4）Web

在对接不开放 API，也不能（或很难）实现 API 对接的情况下，需要通过模拟登录的方式向系统提交请求，对于有验证码的登录页面可以采用人工输入，保持在线的方式，或者干脆弄个验证码识别工具来解决。还有一种方式就是人工输入一次验证码后，让 Client 保持一直在线。

（5）解封策略

在自动化封堵策略上线后，大家会松一口气，繁杂而基础的工作终于交出去了，我们只需要关注策略的有效性就可以了。但几个月下来，我们会看到一个庞大的策略列表，这一方面会让安全设备（或网络设备）承担不必要的压力；另一方面也会在一定程度上影响用户对企业业务的访问，因为现在 4G 和家庭宽带的 IP 分配都是动态的，很可能一次攻击之后 IP 地址就换掉了，而我们封堵过的地址分配给了一个正常用户。所以解封策略就显得非常重要，但如何解封，是让笔者团队头疼了一段时间的问题。最简单的方法就是每次封堵有效期（如 12h），超时解封；再进阶一点的做法是根据恶意程度对攻击者的 IP 进行排名，对于经常"光顾"我们的 IP 可以考虑长时间封禁。解封策略想制定得合理是个比较复杂的事，安全团队可以根据自己的情况灵活配置。总之，不能只封不解。

2. 决策依据

不管套用哪个安全体系架构，企业安全建设都是一个很庞大的工程。任何团队都不可能同时启动所有建设项目，那么先后顺序就显得非常重要。而威胁感知体系建设完成后，其输出数据可以作为制定下一步工作的重要依据。当然也可以成为安全团队申请项目资源的依据，这些客观事实比标准框架更有说服力。

通过攻击行为趋势，可以判断出一段时间内针对本企业的攻击手段变化，安全团队可以有针对性地制定防御手段。

通过漏洞利用成功的数据，可以分析出企业漏洞管理能力的缺陷，以及内部处置流程的问题。

通过攻击成功事件的分析，可以看出企业弱点集中在哪些领域，安全团队可以有针对性地对这些弱点进行治理。比如，笔者团队在分析一段时间数据时发现，通过 Web 管理后台弱密码完成渗透的比例很高。后来我们通过开发检测工具实现了对管理后台未授权访问和弱密码的治理。

笔者团队采用了风险评分趋势的分析方法，以下进行简单介绍。

我们会先定义一套评分标准，具体算法不重要，重要的是需要涵盖影响风险的所有维度（包括漏洞、攻击、资产、基线等），也就是说，任何一个维度的变化都会影响风险的分数，同时每个分数又可以回溯到每个涉及的参数；有了分数就可以绘制一个趋势曲线图，而代表意义的参数则可以解释趋势变化的原因。举两个例子：

1）当风险评分由 1000 分上升到 1200 分时（注意分数不重要，重要是分数上升了，而在我们的评价体系中，分数越高越危险），我们去下钻数据，发现是因为新爆发的一个漏洞影响到了网内的一些资产所致，那么下一步工作就应该是快速修复这些漏洞。

2）当风险评分由 1000 分下降到 800 分时（分数同样不重要，重要是分数下降了，而在我们的评价体系中，分数越低越安全），通过分析可以发现由于近期封堵了一批长期试探的攻击 IP 导致攻击量降低，这从侧面印证了安全工作的效果和决策的正确性。

我们采用这种风险评分的机制是要区别于一些系统，有些系统因为某些高危漏洞就将整个系统评为高危，或者风险评分为 100 分（满分）。这种情况下无论有几个高危漏洞风险情况都不会进一步上升，而 100 分为满分的机制会导致大部分时间系统的安全评分都在高位，失去了对趋势的把控。安全工作非常不易，有些风险不是短时间可以消除的，所以无论是任何团队、任何系统，我们应该关注的是进步的趋势，而非单纯的风险评价。

总之，有了威胁数据，我们可以打开脑洞，通过不同的分析维度，找到安全团队下一步的工作目标。

3. 综合展示

说到安全产品的展示，大家第一个想到的一定是"地图互打"，在 2016 年以前这种从 Norse 演变过来的展示方式非常流行。但在其后的时间里，大家明显对这种方式失去了兴趣，但又不知道用什么方式替代。

其实，我们完全可以将思路从"如何设计更好的展示页面"迁移到"什么是企业关注的安全信息"。问题的转换代表着视角的转换，甲方的设计者可以通过内部访谈来确定从工程师到首席安全官（Chief Security Officer，CSO），再到首席执行官（Chief Executive Officer，CEO）对展示的要求；而厂商的同仁则可以将此设置成多个展示模块，由甲方根据需求排列组合。"一千个观众眼里有一千个哈姆雷特"，一千个企业需要一千个不同的展示界面，对于展示的需求可以说是千人千面的。对于具体的展示内容，笔者不准备过多讨论，但我们可以讨论综合展示的一些原则。综合展示的 UI 设计根据使用人群的不同，一般可以分为 3 个层面。

1）高层：能看懂，别炫技。很多高层领导都不是安全专业出身，甚至不是技术出身。所以，给高层看的展示内容一定要让人很容易看得懂。千万不能从技术角度炫技，这个层面需要展现高层真正关心的内容。

2）中层：效率高，别造假。对于给平行部门间展示或通报的界面，主要是让相关人员快速、方便地了解必要的内容。同时，通报的数据一定要客观，造假和主观评判是大忌，不利于部门间的沟通。

3）基层：可定制，别复杂。给基层员工的界面，考虑到需求多种多样，而且基层员工普遍动手能力较强。美观程度并不重要，最好能方便地定制界面，让使用者很容易得到自己想要的内容。

6.3　小结

威胁处置是继漏洞管理之后最重要的工作，但长期以来很多团队都被海量、模糊的告警搞得精疲力竭，不断在误报和漏报中取得平衡。近年来，随着商业产品越来越完善，这个问题会逐步得到缓解。但由于每个企业的情况不同，任何产品都要随着落地不断完善，最终达到适合企业需求的目的。最后，联动虽然不是威胁感知系统的必备模块，但也是非常必要的。相信随着企业对实时防御的需求越来越强，以及类似SOAR（Security Orchestrations，Automation and Response）之类的概念在国内落地，企业处置安全威胁的能力会不断增强。

第7章
应急响应

提到应急响应，可能是甲方和乙方工程师之间最有共同语言的话题了，很多安全团队都是从各种应急事件中成长起来的，甚至是从非安全工作转入安全工作的。在自嘲是救火队员的时候，相信每个安全从业者都会回想起当年的一段辛酸史。

应急响应是企业安全从业者最无法避免的工作，尤其是在安全建设前期，处于救火阶段，应急响应更为集中。在刚接触安全工作时，笔者曾经认为，应急响应工作比较简单，就是根据实际情况，头疼医头脚疼医脚，比体系化建设少了很多思考层面的工作。

但实际情况是，应急响应工作如果完全跟着现象和感觉走，处理完就结束，很可能让安全团队长期处于救火阶段，企业的实际安全能力也很难提高。按照笔者经历的各类应急响应工作的经验，至少要做到两个方面的工作才能算得上是合格的应急响应：一是应急效果足够好；二是应急指导建设。

虽说每个团队在应急响应的时候都想把事情做好，但是不代表一定能做好，这倒不是质疑某些团队的能力。因为应急响应本质上是个体系化的工作，执行应急响应只是这个体系的一个重要环节而已。笔者认为，应急响应的体系化要从四个阶段分别切入，即准备阶段、执行阶段、收尾阶段、建设阶段。

7.1 准备阶段

一次成功的应急响应需要大量的前期铺垫工作，本节将介绍准备阶段的四个方面：应急预案、应急工具、内部资料数据、情报。

7.1.1 应急预案

应急预案文档几乎所有企业都会有，就算安全部门没有，运维也一定会有。笔者见过很多不同的应急预案，甚至有的预案是一张地图，指导操作人员到指定地点拔掉指定网线。这个应急预案肯定算不上高大上，但至少是可用的。而不可用的应急预案一般都不是因为设计者水平问题，大部分是因为应急预案没能跟随系统调整而调整导致的。对应急预案的持续更新，并保持其一直可用是非常重要的。定期审视自己的应急预案是否有效和全面是非常重要的一项工作。

但是，应急预案的有效性有时候很难从纸面推演中得到正确的结论，只有在应急事件发生的时候才算是真正的考验。但作为企业肯定不能指望用实际事件来判定应急预案的有效性，介于二者之间的选择就是应急演练。安全方面的演练主要都是攻防层面的，处理得当的情况下，一般不影响业务。

另外一个角度看，虽然每个企业的应急预案都不一样，但是总体来说还是可以有规律可循的。一般来说应急事件发生后，第一时间要做的是判断问题点，并快速消除影响（比之再往前的一步是要知道出问题了）。从笔者经验来看，似乎很容易理解的"第一要务"

在实际场景中经常会出问题,因为很多时候一旦恢复系统,可能顺带将问题原因也掩盖了,为了查找原因(很多时候是为了不背锅),技术团队会拖延服务恢复的时间。站在技术的角度来说这种选择也无可厚非,这时团队负责人就需要快速权衡利弊,做出判断。

7.1.2 应急工具

有了应急预案,就要思考预案执行的效率和效果。因为真正到应急的时候,不太可能临时翻阅应急预案,也不能指望执行人100%准确地执行应急预案。所以,工具的重要性就凸显出来了,应急工作至少应包括检测类工具和执行类工具。

其中检测类工具的作用是在一些现象级故障发生时,无法确认是由哪些原因导致的,需要通过一系列检测工具确认实际的问题点。比如最简单的,某个应用无法访问,是服务停止还是被DDoS?如果是服务停止,原因是应用本身问题还是某个病毒爆发导致?这都需要有大量的检测(或监控)类工具帮助应急人员排查。

执行类工具的作用主要是避免紧急情况下人工操作的失误和效率低下的问题。由人进行应急操作,要求操作人能够在短时间内找到正确的设备,并用它获取相应的权限登录设备,选择正确的应急预案,并准确快速地执行操作。诸多环节中任何一个出现问题都会导致应急操作拖延甚至失败。因此,在可能的情况下尽量采用工具执行应急操作是十分有必要的。

7.1.3 内部资料/数据

在制定应急预案、判定故障原因、甚至执行应急操作的过程中,都需要相关信息的支持。在制定应急预案过程中,要对网络拓扑图、业务逻辑关系、相关负责人等信息有充分了解,有了这些资料和数据,在应急响应时才能根据实际情况准确找到相应的联系人。

判定故障原因的过程中除了上述信息外还需要监控信息、系统日志等数据。这些数据能让应急响应的专家有充足的数据作为判断依据。

7.1.4 情报

安全情报服务近年来发展得非常快,安全情报供应商能够提供多种类型的安全情报,在应急响应中至少会用到"IP地址""域名""文件hash"这三类情报。情报是确定事件根源的捷径,所以如果可能,最好和一些安全情报供应商展开一些合作,至少应该有些交情。当然这是狭义的情报应用,在运营篇中笔者将继续对情报的应用进行展开讨论。

7.2 执行阶段

应急预案的执行阶段是整个应急工作的核心，直接影响安全团队在公司内的形象。笔者对这个阶段的要求是有思路、有办法。

7.2.1 有思路

有思路是要求应急团队对应急响应工作（尤其是模糊的、现象级的事件）有一个清晰的处理脉络，不慌乱，不糊弄，一般来说可以分为三个环节。

第一环节要找到问题点，并在短时间内判断此次事件是否与安全有关。在准备阶段准备的检测类工具和内部材料在这个环节会派上用场。这个阶段的重点是速度，快速发现故障、快速定位问题点考验的是运维团队和安全团队的技术能力和协作能力。

第二环节要快速恢复业务。这个环节的重点是准确，应急预案的选择和执行是否有效是关键。绝大部分情况下，业务都是优先要保障的。对于影响业务系统正常运行的事件（如 DDoS、病毒等），首先要考虑的是对业务的影响程度和如何恢复业务；对于不直接影响业务系统正常运行的事件（如 APT、数据窃取等），首先要考虑的是切断入侵通道、控制影响范围。安全事件被媒体纰漏的，则需要公关部门快速介入。

第三环节要进行全面排查，消除隐患。这个环节的重点是细致，入侵者一般都会给自己留条后路，一个入侵点被封堵后不至于毫无办法。所以，需要应急团队能够找出共性的特征（如后门文件、反连域名等），然后进行细致筛查。这个环节将与收尾阶段衔接，为收尾阶段提供数据和情报的支撑。

总之，应急思路是应急工作中很重要的一点，否则将出现应急处置时间过长、安全事件反复发生等情况，导致企业利益受损。

7.2.2 有办法

思路是应急工作的指导，但实际落地需要面临很多实际的问题和挑战，这里列举一些常见的问题和解决的办法。

（1）安全团队和运维团队能否精诚合作

如果入侵事件涉及比较深的业务逻辑，就需要安全团队和业务团队之间有高效的沟通机制和较强的合作意识。实现这一点需要安全团队在日常的工作中注意工作方法，多多团结内部。在第 1 章中，笔者就论述过安全团队和运维 & 开发团队合作的重要性，在时间紧任务重的应急响应工作中，任何一个沟通层面或协作层面的不顺畅都会让应急响应的结果大打折扣。

（2）检测和防御手段是否有效

在处理应急事件的过程中，要定制化很多检测和防御手段，这要求安全团队对自己手里的安全工具有足够的积累和了解，同时对运维团队的相关工具有所了解，以避免关键时刻自乱阵脚。这需要平时大量的积累工作，不是应急事件发生后可以想清楚的。

（3）如何利用外部应急团队

很多企业都有采购安全应急服务，外部应急团队的技术水平毋庸置疑，但对企业具体情况一定是不够了解的。甲方安全团队能否快速准确地将情况介绍清楚，并提供相应的日志和流量等数据，是安全事件得以快速处理的关键。这需要甲方安全团队对安全事件有整体的认识，并清楚需要应急响应专家定向解决哪些问题。而非将整个事件直接推给外部专家团队。

7.3 收尾（复盘）阶段

收尾阶段的主要工作是"复盘"，弄清楚整件事情的起因。应急事件处理完成后，给高层提交一份应急处理报告，固然可以在工作层面结束这次工作。但对于不愿意永远当救火队员的团队来说，是否能对安全事件进行全面复盘是非常重要的。一般来说，笔者团队会从两个方向分别进行复盘。

1. 应急方向

这种方式是顺着应急工作的思路，从终点一步一步往起点推。在这个过程中，可以自我检讨一下应急事件中采取的一系列思路、方法、手段有没有问题，做得好的地方作为经验保留，做得不好的地方大家头脑风暴想出解决方案。比如，在追查入侵路径的时候发现系统日志收集不全导致反查路径中断；或者因为思维定式，将排查方向指向了以前曾经出过问题的节点，从而导致在错误的方向浪费了大量的时间。这些都是复盘阶段需要重点关注的问题。

2. 入侵方向

应急方向梳理完之后，可以再沿着入侵的方向再次推演一遍整个过程。这一过程是站在入侵者的角度，重新审视这次事件，看看静态的防御点和动态的应急处理过程有没有真正给入侵者带来麻烦。这个角度的梳理可以发现很多现存的问题，包括安全防御措施、应急响应方法，甚至是安全意识培训的方式。比如，我们曾经用这种推演方式，发现一个入侵者用了一个非常不科学的路线入侵我们的系统，这个事件将在 7.4 节中展开介绍。

笔者认为，应急响应之后的复盘是非常重要的一项工作，这个阶段安全团队可以增加经验、改进不足，对于企业内部也可以优化各类措施，是承上启下的关键点。所以建议所有安全团队的管理者都要格外重视这个阶段！

7.4 建设阶段

复盘是应急响应工作中最关键的一环。弄清楚问题发生的根源，就可以有针对性地找到（或研发）能解决这一类问题的产品（或者制定相应规则）。产品和规则最终实现的目标就是确保这一类的故障0复发，至少再次复发的时候可以快速调整策略，以适应新的情况。从应急到复盘，再到研发产品或制定规则，从而保证0复发，这其实就体现了整体安全能力的提升！笔者称之为"体系化应急"，为代表短期工作的"应急"提供了"体系化"的思路。其目标是避免安全团队长期被应急事件所拖累。

按照上述思路开展工作，短期内工作量增加是必然的，毕竟一边应急一边搞建设还是很辛苦的。但从长远来看，这种工作方式是极有价值的。体系化应急是一种工作思路，并不是开发某个系统，或者某个工具就可以实现的，我们需要将这个思路应用到日常工作中来，以下提供笔者团队对体系化应急的两个实践供大家参考。

1. 漏洞管理

关于漏洞方面的工作在第4章中详细论述过，这里对具体工作不再论述。漏洞管理的相关工作就是笔者体系化应急思路的第一个实践。在笔者刚刚接手攻防相关工作的时候发现几个问题。

一是当时漏洞管理较为散乱，安全事件爆发后，可以确定黑客是通过哪个漏洞进来的，但几乎无法追责，因为安全部门也不清楚漏洞是否被发现以及通报过。

二是对于上级单位通报的大量漏洞，安全团队无法快速确认是否曾经发现过，在接到通知之后处理速度较慢，给高层的印象不好。

针对这种情况，我们开发了漏洞管理系统，从漏洞的发现、通知、整改、复查、复发五个环节全面管理漏洞。其实系统的设计和开发并没有什么很特殊的地方，但是系统上线之后得到了比较良好的管理效果。一方面能够解决上述两个问题，任何漏洞都能确定是什么时候发现并整改完成的，没整改的也都有相关理由和业务部门的确认；另一方面是可以约束漏洞挖掘团队（外包团队）的服务效果，一旦在某些安全事件中被入侵者拿到有价值的漏洞，就可以针对这个漏洞的情况反观自身的问题（挖掘能力有待提高？资产信息不全？周期太长？上线流程问题？），从而进一步优化相关环节。

2. 入侵事件

这就是7.3节未展开的不科学入侵路线，在复盘的时候我们发现，黑客在入侵后全网寻找某个已经下线IP，最后不得已伪造了此IP在网内执行了一个恶意操作，而此IP恰恰在这个操作的白名单内。了解到这种情况，我们可以得到两个结论：一是这个IP在白名单内的情报已经泄露；二是我们的白名单管理机制存在问题。

针对这种情况，我们迅速制定了以下两条策略。

1）更换白名单内服务器的 IP，日后严格控制扩散范围。
2）重新梳理白名单管理机制，定期审查白名单内主机的在线和入侵情况。

从这个例子可以看出，体系化建设并不仅仅是技术层面的建设，也包含了制度和策略体系的建设，这也是安全工作中重要且性价比很高的手段之一。正如前文所说，体系化应急是一种工作思路，而非具体的策略或者系统。所以需要长期的思考和实践才能有所收益。

7.5 一些思考

前4节介绍了笔者团队应急响应工作的一些标准方法，但还有一些前文没有提到过的问题，这一节将其列出，并试着给出答案。

（1）如何应对连续作战的疲劳程度对应急效果的影响

在攻防对抗中经常会遇到连续对抗的情况，时间从几天到几周不等。主要原因一般是因为基础数据缺失导致无法完全了解入侵者掌握了多少入侵通道。对于入侵者而言，他可以随时休息或发起新一轮攻击，而对于安全团队而言，只能随时严阵以待，一次次地开展应急工作。

这种情况下，至少可以从这几个方面缓解：①骨干力量轮流休息；②保证已经发现的入侵路径彻底失效；③根据实际情况快速开发应急脚本，规避重复劳动；④要求安全服务商（如果有的话）加强力量投入。

（2）团队负责人在应急工作中的作用

在应急响应工作中，最忙碌的身影一定是具体操作和做数据分析的工程师。而安全团队负责人在事件处置中至少要承担如下四项工作。

1）与高层积极沟通，承担压力，并避免将压力传递给一线应急响应人员。
2）协调资源，主要是部门间协助力量和外部专家团队的支撑力量。
3）保障类工作，主要是食宿和倒休，同时要随时激励团队，保证安全团队的战斗力和战斗意志。
4）思考问题根源，为未来体系化建设做好准备。

（3）无法找到入侵点该怎么办

在安全建设工作刚刚起步的情况下，很多时候因为检测手段不完善，导致应急响应的时候无法快速找到黑客的入侵点或入侵方式。这会直接导致无法控制破坏行为、应急团队连续作战等问题。这种情况下，需要快速建立临时性、针对性的检测手段，部分情况下需要根据检测结果逐步扩大范围。比如：在 A 主机上部署检测点后发现，A 主机的入侵行为是通过 B 主机作为跳板实现的。那么就继续在 B 主机上部署检测点。以此类推，最终推到最外层的入侵点。这种方法有个前提，就是要入侵事件频繁发生才能逐步往前推。如果是阶段性偶发事件，就有时间对所有可能的入侵点施以检测手段。

从上文可以看出，数据的缺失是应急响应工作的天敌。所以在没出现安全事件的准备阶段，就需要把响应的手段准备好，这样才能保证一旦出现安全事件不至于乱了手脚。

7.6 小结

应急响应工作永远是无法避免的,既然无法避免,就应该体现这项工作的价值,让应急响应不再只是加班熬夜。这考验的是安全团队,甚至包括运维团队的战斗力和凝聚力。最后,向所有长年奋斗在一线的应急响应团队致敬!

第 8 章
安全服务

安全服务是很多企业都会采购的一项重要服务，其内容涵盖很广。从漏洞扫描到管理制度制定；从安全监控到安全培训，都可能通过专业安全公司进行服务。笔者所在企业每年都有大量资金投入到安全服务上，以弥补自身安全团队的不足。但如何利用好安全服务，使之能给企业带来足够好的效果，这需要甲方安全管理人员投入较大的精力对具体工作进行调整和梳理。

先简单讨论一下安全服务的含义和范围。按照传统的说法，安全服务只是安全集成方案实施之后的支持活动，表现为一些维护和管理工作，事实上安全服务的范围要广泛得多。概括起来，帮助甲方建立、巩固和完善信息网络安全体系的一系列活动都属于安全服务的范畴。企业采购安全服务的目的就是建立和巩固技术、操作人员相结合的，能够体现动态性、过程性、全面性、层次性、相对性等多种特性的完善的安全体系，最终实现公司制定的安全目标。同时，国内、外的安全标准和规范，都具备参考价值，但其具体程度不足以满足落实细化安全工作，这就需要专业安全服务商来指导。

纵观安全服务市场，大大小小能提供服务的公司很多，好处是甲方有很丰富的选择，问题是目前没有统一的标准评价这些公司整体的服务质量。换句话说，产品是可以从市场上买到标准品，然后进行客观评测的，而安全服务的核心是人，A公司总体实力强不代表A公司所有人都很强，所以对于企业来说，能获得多高质量的服务取决于服务商在项目中投入什么样的资源。这也是安全服务和安全产品之间的本质区别。

下面我们从问题入手，先看看安全团队在执行安全服务类项目时经常遇到的一些问题。

8.1 常见问题

从笔者了解的情况看，安全服务所遇到的问题还是比较有共性的，以下是一些常见的共性问题。

（1）"屁股决定脑袋"

目前安全服务比较多的方式是服务商作为甲方策略的执行者，不主导任何事，只负责将甲方所制定的目标进行落地。一般来说，如果能真正做到这一点就很不错了，毕竟"屁股决定脑袋"。但其中也存在一定的问题，对于没有自己安全团队的企业（或者人数少事情很多的企业），如果服务公司只负责执行，结果就是安全工作的效果取决于甲方安全管理者的思维高度。这种情况很难体现安全公司的核心价值，尤其对于能力较强的大公司来说，更难体现企业的价值。

（2）执行效果不佳

无论总体策略层面是甲方主导还是服务商主导，最终都要落实到执行层面，掌控执行效果是甲方必须要面对的工作。如漏洞找得全不全，培训效果好不好，攻击检测是否及时准确，应急响应是否有效果，这些问题是时刻需要面对的，而且这涉及很多细节的问题。我们就曾因为资产范围同步问题，导致很多资产在服务商进行漏洞扫描的时候被漏掉。

(3) 中立性问题

按照常理，安全服务商应该站在中立的角度看待一切工作。但如果服务商同时是安全产品厂商，就难免面临中立性问题。从服务商角度来说，其工程师对自己所在厂商的产品使用最为熟悉，所以采购自己厂商的产品对未来安全服务也有帮助。从甲方角度来说，购买安全产品就是为了解决实际问题，以性价比最高的产品为好。这是一个没有对错的问题，甲方需要根据实际情况选择方案。

(4) 服务需求的潮汐效应

由于目前安全行业人才缺口很大，在面临全国范围的重保任务的情况下，安全服务需求爆发式增长，这就会产生服务质量下降的情况。

8.2 对甲方的要求

在 8.1 节问题提出后，我们尝试通过对甲方提出要求的视角来解决上述问题。在服务类项目执行过程中，我们会对服务商的管理者和执行者提出很多要求。但在笔者看来，想要安全服务的执行效果好，对甲方管理者也是有很多要求的，总的来说可以归结为有见识、有担当、能考核、可掌控、善考察、有预算。

(1) 有见识：甲方的"自我修养"

要说安全服务商，谁家都有高手，但这些高手成本很高，当然要用到更有价值的地方去。换位思考一下，如果自己是一家安全服务商的老板，要是遇到对服务内容要求不明确、对安全服务不重视甚至完全不懂的客户，是否会把成本很高的大牛放到这个项目上。这跟甲方预算都没有直接的关系，因为没必要浪费这个成本。这不是品质的问题，企业的核心任务之一就是利润最大化。

但如果甲方本身就对安全非常重视，希望通过安全服务提升甲方某些方面的能力，技术上又能主导服务商的具体工作，这时作为服务商来说，在预算允许的情况下一定要派出能力较强的人来提供服务，否则就有可能丢掉这个生意。

所以，想要获得一个靠谱的安全服务，首先要看企业安全团队有没有能力把服务商的能力"逼"出来。其次，一个"有见识"的甲方可以很好地选择自己需要的技术方案，进而规避了 8.1 节提到的中立性问题。

(2) 有担当：你干活，我背"锅"

针对上文提到的"屁股决定脑袋"的问题，解决起来比较麻烦，原因是很多服务商的技术人员习惯性将甲方的一些想法当作需求，不假思索地执行，反正错了也是甲方的思路，执行起来没风险。反倒是如果力排众议推出自己的方案，一旦项目执行出现问题，就很难收场。解决这种情况的关键主要是让服务人员卸下包袱，"对了是你的，错了我负责"，针对所有问题充分讨论。笔者和所在企业之前的一任的服务经理就经常争论一些具体问题，虽然有时候会把气氛搞得比较僵，但总体上执行效果还是不错的，至少不会出现一味顺从的情况。

从另一个角度看，甲乙双方的配合并不是一味严格要求能替代的。任何由于安全服务不到位所产生的安全问题，最终承担责任的一定是企业安全团队，我们没办法把"锅"甩给安全服务商，他们最多跟你一起背"锅"，所以相互配合把事情做好很重要。

(3) 能考核：甲方的手段

对于很多安全服务来说，服务细节很难事无巨细完全写清楚，而且就算写清楚了也涉及执行效果的问题。这就需要在验收环节多下功夫了，这并不是说要挑毛病，企业安全团队要根据服务内容和自身需求制定验收标准。下面笔者举几个安全服务验收方法的例子，帮大家找找感觉。

1) 安全监控：在威胁感知部分中我们讨论过从分析日志到制定分析策略的转变，我们考核服务方的就是分析场景落地的能力，而不是在几百万条数据里发现多少个有效攻击。

2) 渗透测试：我们要求渗透测试服务一定要拿到我们预定的目标权限，否则认为不成功。也就是说如果渗透者仅拿到了比较边缘的服务器权限，在这种要求下就是没有意义的，这类工作我们放到了漏洞扫描中。

3) 安全培训：无论是安全意识培训还是安全技术培训，我们都需要参训者对培训内容打分，这是比较简单的办法。复杂点的，也可以通过考核受培训者的方式来判断培训的标准。

再次说明，这些方法并不通用，只是帮助大家找找感觉，安全服务项目验收的关键是可以抓住一些关键点，从而可以让服务方在烦冗的细节执行过程中自觉掌控效果。当然也可以增加一些主观评价，这就需要甲乙双方有一个基本的信任关系。

(4) 可掌控：对内外部团队的掌控能力

面对服务资源短缺的情况，一方面，企业安全团队需要预先判断，在重要保障期前与服务商进行充分沟通，同时部分工作可以提前一段时间准备，以缓解压力；另一方面，甲方需要有一定程度的自主安全队伍建设，这不仅有助于在重要时期保证安全工作质量，也对日常工作有很大帮助。只有能有效地掌控内部和外部团队，才能在一些特殊时期不至于狼狈应对。

(5) 善考察：对服务商团队的考察

前文论述了很多对甲方的要求，在安全服务商选择中并不是完全不需要考虑乙方的情况。在对服务商的众多考察项中最简单的就是资质，一方面是企业的资质，更主要的是安全服务人员的资质。通过资质证书来判断一个人并不算客观，但这种方式性价比最高。有资质证书的人并不一定都是高手，但一般来说不会是小白。除了判断资质外，就是与他们的服务团队坐下来聊聊，面对面的沟通有助于更好地判断服务团队的各方面能力，尤其是技术之外的能力。最后需要注意的是，需要服务方承诺，日后服务的团队就是你考察的这个团队，否则考察也就没有意义了。

(6) 有预算：申请到与需求匹配的预算

虽然企业安全团队有义务尽可能地降低企业运行成本，但适当地放宽预算可以充分保障服务质量。如果将成本压得太低，就很难得到预期的服务效果。笔者经常被问到这样一个问题："做一次渗透测试多少钱？"单独针对这个问题笔者的回答是："看你想做到什么程度，从 2000 到 20 万都合理。"本节前面讨论的都是 20 万的情况下怎么不让钱白花。但如果只有 2000 预算，就不要考虑有大牛来做服务。所以，相对充足的预算是保证服务质量的前提。

8.3 常见的安全服务

在安全服务中，企业会将自己很多敏感信息暴露给安全服务公司，绝大多数安全公司的员工还是可以按照约定保守企业秘密的，但不排除有很少一部分服务人员可能会做出一些损害甲方利益的事。本节我们就梳理一下安全服务过程中可能遇到的此类问题。

8.3.1 脆弱性治理类

很少有企业去购买名为"脆弱性治理"的服务，因为没有服务商提供这项服务。第 4 章和第 5 章详细介绍了漏洞扫描、渗透测试、攻防演练、基线检测这些更为常见的安全服务。但这些工作如果交给服务商去做（这是很多企业的选择），就要从管理角度注意一些问题。

（1）全面性问题

在服务商进场后，企业有义务将自己的资产信息同步给服务商，避免服务商因为资产范围不全导致脆弱性发现不全面。

（2）分工明确

购买并完成了漏洞扫描、渗透测试之类的服务不代表企业已经完成了脆弱性治理。服务商的主要工作是根据已知的资产信息发现脆弱性，而推动脆弱性的处理则应该是企业安全团队的职责，不应交给服务商来做。

（3）建立回溯机制

尤其对于长期服务来说，建立回溯机制非常重要。安全服务中的回溯机制主要是关注安全事件与安全服务工作之间的联系。例如，安全服务完成一次漏洞扫描后，又被有关部门通报了漏洞（或出现了利用漏洞的安全事件），在处置眼前漏洞的同时，安全服务的管理者要关注漏洞为何没有被安全服务团队发现的原因，一般说来原因有三。

1）在上次漏洞扫描后，新增资产导致新增漏洞。这需要企业规范新增资产上线流程，也可以通过更密集的漏洞扫描来缓解。

2）上次漏洞扫描后，有新漏洞爆发。这需要企业更多地关注与企业相关系统的漏洞情报。

3）漏洞扫描工作有疏漏，或是因为资产不全，或是因为漏洞扫描设备的漏洞库不够，或是企业误将有威胁的漏洞当作可忽略漏洞来处理。不管是什么原因，安全团队都需要认清问题,提高漏洞扫描的能力。

总的来说,任何事件不会无缘无故发生,将事件与之前的工作相关联并不是要挑错、甩"锅",而是找到问题的根源,找到提升安全能力的机会。

另外,在脆弱性治理过程中也会发生一些意想不到的问题,下面以渗透测试为例来进行说明。渗透测试是企业经常会选择的一项安全服务,企业希望服务方通过各种手段拿到企业的核心权限或数据,从而找到企业最薄弱的环节。所以,在这个过程中服务方会合理合法地拿到很多核心权限和数据,而对这些数据的处置是企业经常忽略的问题,可能的情况如下。

(1) 敏感数据库保存

一次渗透测试结束后,保存从甲方拖出的数据库,以便下次服务时使用。这种问题可以在前期合同中约束,并在服务启动会上充分强调,让服务商感受到甲方对数据保护的重视,这是一定程度上的威慑。

(2) 漏洞提交不全

一次渗透测试结束后,只提交部分漏洞信息,剩余信息在下次服务时提交,可减少工作量。在有条件的情况下,可以选择不同服务商轮流做渗透测试,一方面可以交叉验证不同团队的渗透能力,另一方面也降低了保留漏洞的必要性,因为保留的漏洞很可能被下一个团队报出来。更重要的是,甲方要有很完善的溯源能力,能够全面回溯服务商的渗透过程,通过渗透过程和后期的沟通,可以基本明确渗透方拿到的所有漏洞。

(3) 红队与蓝队消息互通

在渗透测试中,红队与蓝队互通消息,降低渗透测试的时间成本。笔者认为,在实际的攻防中,入侵者很可能是掌握一定情报的。所以红蓝队之间适当地互通消息是可以接受的,所以渗透测试组织者要将信息沟通的渠道控制在企业手中,避免私下沟通。而避免私下沟通的最佳方式是让红队与蓝队分属不同企业,当然这在有些服务项目中是难以实现的。

(4) 渗透质量低下

渗透测试报告参照漏洞扫描进行简单利用。这里说一下笔者经常遇到的情况,目前很多服务商将渗透测试做成对漏洞扫描的验证。这在很多情况下是由甲方对需求阐述不明确导致的,如果企业给服务商的指令仅仅是"做次渗透测试",那么服务商就很难把握渗透测试的深度。本书第4章提到过,渗透测试服务需要甲乙双方约定目标,达成某个目标才算完成了这次渗透测试服务。所以,渗透测试的效果固然与服务商能力有关联,但笔者认为,更重要的是企业安全团队对服务要求和验收标准的把控。

8.3.2 威胁检测类

采购威胁检测服务的企业需要关注服务团队上报威胁的处置结果,除了各类攻击事件外,在威胁检测过程中还能发现类似病毒爆发、恶意外连等事件,甚至管理后台对外及弱密码之类的问题也可能由威胁检测团队发现。

这些事件都不是由威胁检测团队负责处置的,一般来说,服务商尽了告知义务后就可以不再关注此事件，但安全服务的管理者（一般是甲方安全负责人）应该有义务将事件闭环处理，并将结果反馈给威胁检测服务团队。

值得注意的是，反馈处置结果很重要。举个例子，如果某次事件处置不当，导致威胁依然存在，而服务团队由于没得到反馈结果，会认为威胁一直没有被处理，而企业安全团队则认为威胁已经处置完成。这种情况下，这个威胁将长期存在于系统中无法得到解决，而且一旦由此引发较为严重的安全事件企业很难定责，最后安全团队将难辞其咎。所以，安全事件处置闭环的重要性怎么强调都不为过。

8.3.3 培训类

安全培训类服务主要有两种，安全意识类和安全技术类。

安全意识类的培训很难评价效果，可以通过主观和客观两个方面评价。主观因素方面可以让参与培训者对培训效果进行评价，评价维度可以有易懂性、生动性、课件质量等；客观方面可以从培训时长（不能太短也不能太长）、培训维度，以及培训后的测验或钓鱼等维度评价。

与其他服务一样，安全意识培训工作也不能全部由乙方来主导，安全团队需要根据企业实际情况与服务商沟通培训内容，比如企业有大量移动办公需求的，就可以要求服务商针对性地制定远程办公安全意识的培训方案。

技术类培训的效果可以通过测试和后续工作效果来评估，但如果评估结果会影响到付款比例，就需要尽量设定可量化的指标。安全开发培训可以通过测算安全培训后漏洞比例的下降情况来评估；渗透测试培训后可以通过靶场或者内部测验来测试培训效果等。

8.4 安全服务的成熟度模型

安全服务的采购对于企业来说可能是常态化的需求，也可能是过渡性的选择。不管怎样，安全服务在很多情况下会伴随企业安全体系的建设不断升级。根据企业安全团队的技术能力和对安全服务的掌控能力将安全服务的成熟度分为三个阶段。

（1）初级阶段

明确企业面临的安全风险，了解自身基本需求，通过服务商展示的一系列能力了解服务的内容和服务商的水平。然后根据需求采购部分（或全部）能力。完成采购后，乙方会带着专业人员来启动服务，并要求阶段性地将工作内容呈现。这个阶段的重点是明确需求，能横向对比几个服务商的能力。可以通过报告或系统了解服务商的工作量和产生的价值。

（2）中级阶段

配合安全服务，在执行层面不再完全当"甩手掌柜"。利用甲方的沟通和权限优势，让安全服务能够事半功倍。这个阶段的重点是与服务商充分沟通，明确他们的困难和项目的难点。同时，能够与服务商在执行效果和责权分配上达成一致。

（3）高级阶段

管理安全服务，在能够很好地配合安全服务的基础上，采用专业科学的方法来强化安全服务的持续性价值，动态地看待企业的安全需求。这个阶段的重点是在方法论层面，看待现有安全服务的价值与不足，从而根据企业实际情况灵活调整服务内容。

8.5　安全外包管理

外包管理是一个大而专的领域，本节将从安全角度探讨其中的风险和管理方法。

企业安全团队有很多理由将安全的部分工作外包出去，如：

安全人才紧缺，无法招聘到合适的人才；

工资预算问题无法增加员工；

短期任务，无须长期雇人；

……

无论哪种情况去都可以选择将一部分工作外包出去。什么样的服务可以外包？什么样的服务必须自己团队负责呢？一般来说，涉及核心技术的研发团队和接触非常重要数据的工作尽量不要外包。安全开发团队外围工程实现部分可以外包，而核心研发部分尽量通过自主完成。

（1）驻场人员管理

对驻场人员管理，首先要明确甲方负责人，这个负责人需要负责驻场人员的工作分配、日常管理，并对外包工作产生的问题承担一定的责任；其次要明确驻场人员的权限范围，有 4A 系统的企业要将权限范围做好限制，另外需要与驻场人员沟通企业安全操作规范；最后需要明确驻场人员的工作内容，使其可以做好本职工作。

（2）服务内容管理

有些安全服务虽不需要现场值守，但实际实施服务的也是后台的工程师，只是没有在企业办公地点出现而已。涉及敏感数据或敏感权限的安全服务，企业安全团队仍然需要由相关负责人通过书面或电话会议，甚至要求服务人员到企业参加启动会以明确工作内容和权限范围。

（3）回溯能力

强大的回溯能力不仅是安全事件复盘时的利器，也是对内部（自有员工或外包人员）有效的威慑手段。

（4）服务商管理

如果仅仅将视角放在外包人员管理上，未免舍近求远。对外服务商的管理是非常有效的手段，从前期资质审查，到服务期的管理，再到项目验收阶段的服务质量评测都是必要的服务商管理方式。

8.6　小结

安全服务是企业安全很重要的安全支出之一，很多企业逐渐意识到安全服务的重要性，安全厂商也将更多的精力转向安全服务。但购买安全服务与购买安全产品不同，安全服务需要更多的甲乙方配合，甲方的关注度和策略对项目效果的影响非常大，所以在安全服务管理中，我们要摆脱安全产品采购的惯性思维，让安全服务给企业安全带来更大的价值。

第 9 章
重要保障期

几乎所有企业都有一些对它们来说非常重要的时期，例如，于电商的"6·18""双十一"，于媒体的重要政治活动和赛事转播、报道等。一般来说，这一时期是企业树立形象、增加收入的关键阶段，这段时间发生安全问题对企业可能产生致命的影响。所以，此时企业对 IT 系统也会提出较高的稳定性和安全性的要求。一般来说，重要保障期的安全保护有计划性强、有明确的周期性、企业支持力度较大等特点。

9.1 重保的几种类型

每种类型的企业应对的重要保障期的时间周期不同，从几小时到几周不等。重保的周期也决定了投入资源的策略和关注点的不同。

（1）短期保障型（几小时到一天）

这种类型的保障工作因为时间不长，如果活动足够重要可以考虑全员在岗、各司其职。对后勤保障的压力也不大。

（2）中期保障型（几天到一周）

超过 1 天的保障周期就不是通过团队凝聚力可以"硬扛"的了，需要考虑换班机制、人员配备等问题，后勤方面需要考虑团队的临时休息、饮食等问题。

（3）长期保障型（一周到一个月）

这种类型的保障并不常见，但在笔者所在的广电媒体每隔几年的赛事（奥运会、世界杯、欧洲杯）成为必须保障的任务。一周以上的保障周期就需要团队士气，长时间的保障容易造成精神麻痹，从而导致一些低级失误。所以在第一周以后，回顾成绩、激励团队是安全团队负责人需要重点关注的问题。

（4）超长期保障型（一个月以上）

这种超长期保障更为少见，一般是几个重保活动连到一起所致。保障周期达到一个月以上的情况下，笔者建议要减少对人的依赖，自动化检测甚至防御手段都是必要的（威胁分析可参见第 6 章内容）。

9.2 重保的常规姿势

重点时段的保障工作不是把人都放到公司就行的，尤其对于一些短期保障型工作。如果没有很好的前期准备，一旦出现问题，可能处置还没完成活动就结束了。所以，笔者认为，重保工作想做好至少要做到两点：一是做好前期准备；二是在可能的情况下尽量通过自动化的方式执行应急预案。以下将分别从事前、事中、事后来分析重保工作需要关注的地方。

（1）前期准备阶段

笔者认为重保工作最重要的就是前期，保守地说，60%以上的工作都在这个阶段。在不考虑一些工作已经常态化的情况下，至少要做到如下6个方面。

1）梳理好被保护的资产，未来所有手段都要围绕这些资产展开，这是基础的基础，但为了应对重保而开展的资产梳理的关注点要与重保活动相关。

2）需要将漏洞、基线、恶意代码等脆弱性全部检查并清理，来不及全面整改的，至少把高危事项处理掉。

3）需要制定重保期间对威胁的判定规则，包括威胁检测、联动机制、溯源机制、应急处理方法等，涉及开发工具或购买产品的需要提前准备。

4）根据应急预案，对内做好事先沟通，对外部合作方可以通过动员会等方式提高其重视程度（应急相关内容可参看第7章应急响应）。

5）内部非技术部门进行安全教育，如产品、财务、编辑等。对非技术部门的动员，主要从安全意识层面和业务安全层面开展。安全意识教育的作用很好理解，避免低级失误造成的损失。而业务安全教育主要是防止重点业务部门出现非技术安全问题（如培训编辑做好国庆报道工作等）。

6）提前进入保障期，尤其是安全检测工作，很多前期的试探性活动，甚至是实质性入侵都不是跟重保一起开始的，这是安全与运维最大的区别。

再次强调，重保工作前期准备非常重要，读过《孙子兵法》的读者应该都有体会，孙子将战争的范围定义得十分宽泛，计策、行军、情报、粮草等都在战争的范围之内，而且非常重要，到两军对垒的时刻其实胜负已分了。再举个例子，对于高考来说，整个高中三年的学习时间都是高考的一部分，而进了考场大体的分数就已经定了，在考场上现场发挥的空间并不大。而我们的重保工作与之非常相似，前期的工作做完之后，到了保障阶段对于突发情况的处置效果总体上已经确定了。

（2）保障阶段

前文已经明确了前期准备阶段的重要性，那么在保障期是否可以"出人不出工"了呢？当然不行！进入保障阶段，要根据事先明确的分工各司其职，一般来说可以有以下几方面的工作。

1）对于负责基础安全设备的团队来说，要关注设备压力，压力过高要考虑弹性扩容，没有扩容能力的要跳开安全策略，毕竟保障业务稳定最重要。操作方法和阈值设定是前期应急预案需要考虑的问题。

2）关注异常行为，随时处置。尤其要关注对已知脆弱性（如对外服务系统未能修复的漏洞）的异常行为，遇到可疑行为建议先封堵攻击IP，而封堵动作最好采用自动化联动的方式，避免误操作，具体参见6.2.3节。

3）业务相关数据。重保时期安全团队在关注自身状态的同时一定也要关注业务数据，每一个异常情况都要考虑一下是不是与安全事件或安全设备相关，这可以弥补前期准备不足导致的疏漏。

对于大部分活动来说，可能都在平稳中度过，但这不意味着保障阶段的工作没有意义，更不意味保障工作可有可无，对于重保的价值，需要通过事后总结来梳理。

（3）后期收尾阶段

任何工作事后总结都是有价值的。安全工作纷繁复杂，随时总结、随时反思对团队来说非常重要。笔者总结了收尾阶段要做的几件事。

1）感谢团队。要让团队的每个成员感觉到团队负责人的诚意（具体方法因团队而异）。需要注意的是，无论过程中出现什么问题，在这时都不要批评任何人，也不要在这时点评出现的问题，先感谢所有人的付出。

2）整理报告。作为团队负责人，需要趁着很多事情还没忘，把一些事实整理成文字。需要注意的是，不能只强调苦劳，功劳也一定要突出。笔者见过一些报告全程体现团队成员的辛苦付出，更有甚者有累病或晕倒的情况，这在某种程度上说明了领导者组织不利，没有哪个球队会因为伤兵满营而获得董事会的嘉奖。所以在适当体现团队辛苦的同时，一定明确保障工作所取得的成果。

3）反思问题。重保期系统没出问题，不代表工作没问题，团队负责人需要客观看待事前和事中的工作，找到不足之处，为日后的工作积累经验。

4）将反思落地。将发现的问题转换为下一步的动作，这才能让团队进步。

9.3 其他需要注意的问题

除了常规操作外，重要保障期还涉及很多其他方面的问题，总结如下。

1）士气问题。对于较长期的保障工作来说，一定要关注团队士气。前期一般都是气势如虹的，但随着时间流逝，安全团队的士气也随之下降。这种情况下，一方面要定期给团队打气，做好后勤保障，避免伤病困扰；另一方面在前期需要将一些因果关系制度化，列出清单，清楚什么样的事件做什么样的处置，避免疲劳情况下出现误判。

2）后勤问题。前文提到了伤病问题，尤其对于人手不多的安全团队来讲，一定要保护好每一份战斗力，饮食、休息、精神都需要得到关注。

3）不要试图解决所有问题。"水至清则无鱼"，追求能力和效果的平衡点，剩下的交给应急预案，否则只能徒增焦虑。

4）操作工具化。在本书的不同章节，笔者反复强调了自动化手段的必要性，能自动化的操作一定要自动化，至少应该工具化。在重保期间更是如此，如前文提到的，将操作工具化可以同时保证效率和准确性，这时我们就可以将关注点放在触发规则和审批流程上。

5）线上保障。现在企业IT架构的大部分操作都是远程进行的，在一些情况下不一定要求全员在岗，能保证相关人员随时上线，或者在线监控是保证团队战斗力的不错选择，只要能保证工作质量即可。

6）寻找外援。在重保活动中，难免有些任务在团队能力范围之外，要懂得寻求外部力量支持，不管是有商务合作的企业还是圈子里的朋友，在关键时刻，要团结每一份力量为己所用。

7）重保常态化。严格意义上说，常态化的工作就称不上是"重"保了，所谓"重保常态化"就是要将安全保障能力提升一个等级。

8）清单化。清单化有利于保证复杂任务的有效推进，有助于消减人的因素带来的影响，对于清单的使用会在本书第 14 章介绍。

9.4 小结

任何企业都难免会遇到各种类型的重要保障期，有与业务相关的，也有只与安全相关的。安全团队需要根据重保活动的特点设计方案、调动资源，最终完成保障工作。另外，对于周期较长的重保活动，最需要关注的就是团队的疲劳度，尽可能地保护团队免受疲劳和伤病的困扰是团队负责人需要重点关注的事项。最后，别忘了感谢你团队的辛苦付出！

第 10 章
业务安全

绝大多数安全团队的初期都是从攻防入手的，这算是安全人的本行。但随着队伍的成熟，职责范围的扩大，就难免会接触到业务安全的相关问题。从另一个角度来说，不接触业务，安全团队很难在企业中获得想象中的话语权。从笔者在熟人圈子中了解的情况看，接触业务安全的团队获得支持会更加容易。但大家不要因此就去盲目地挑战业务安全，而是应该在日常工作中不断了解公司主营业务，从而将安全能力自然而然地延伸到业务中。一般来说，安全团队接触内容安全有如下几种情况。

（1）以救火队员的身份切入

这种情况是比较普遍的，在业务遇到问题的时候（尤其是业务部门不懂技术的情况下），安全团队需要从技术专家的角度帮助业务系统快速止损，这是安全团队接触业务的最好机会，如果能在解决问题的同时能充分了解公司业务和运营的基本流程，加深和相关部门的协作关系，后面接手相关工作就会事半功倍。

（2）逐步延伸，水到渠成

这是笔者最建议的方式。在企业没有明显业务安全需求时，企业安全团队要在做好本职工作的同时，学习公司业务现状，思考其中的风险，提出相关的解决方案，交由高层选择，这是安全能力不断提高的能力溢出。

（3）强行切入

这是笔者最不建议的工作方式，强行切入业务会造成很多预料不到的问题。但如果出于各种原因一定要这么做，那么首先需要做到知彼知己。所谓"知己"是要弄清楚自己团队能力的下限和上限，有条件的情况下可以根据情况扩建队伍或拉拢盟友，避免盲目自大陷入尴尬境地；最重要的还是"知彼"，要清楚业务现状，相关团队的能力和处事方式，就算强行切入也要找到一个适合的切入点。要识别什么是公司的重要业务，有没有核心痛点。不要抓住一个业务就不放，如果不是公司核心业务，或者该业务没有核心痛点，盲目投入资源是很难讨好的。

接触到业务后要尽快更换视角，在攻防领域中，基本上还是单纯的技术思维，但业务安全绝不仅仅是技术问题，而是要综合考虑各方利益和公司战略方向。尤其是刚刚接触这方面工作的团队负责人更要虚心向业务部门的同事和相关领导学习，虽然技术上你很厉害，但业务方面你很有可能是小白。接下来将具体介绍几类常见的业务安全的工作思路。

10.1 内容安全

由于笔者在媒体网站工作，所以第一个关注的业务就是内容生产。对于媒体来说，内容安全非常重要，早些年没有"内容安全"这种叫法，大家都叫"防篡改"。按照笔者的理解，防篡改应该是内容安全的一部分，内容安全还应该包括审核、知识积累等内容。现在几乎所有互联网产品（APP或网站）的企业都面临内容安全的问题，内容安全也早就不是互联网媒体的特殊需求。

早年间在分析公司核心安全需求的时候，发现防篡改是我们最核心的诉求。"防篡改"

这个愿景很好，但在面向互联网发布环节很难完美落地。下面就先从内容异常的几种情况入手，看看面临的问题有哪些。

10.1.1　内容异常的几种情况和面临的问题

在实际场景中"篡改"是一种结论，首先发现的一定是内容异常，而内容异常至少有两种可能，一是真的篡改，二是恶意发布（有意）或错误发布（无意）。

对于一个媒体的安全团队来说，要做的是快速发现和恢复异常内容，而不是仅仅围绕篡改做工作。首先汇总一下内容异常的可能性。

1）黑客入侵发布系统：这种情况危害最大，入侵者通过企业各种脆弱性获取发布系统权限后，进行各类发布操作。对于审核机制不完善的发布系统入侵门槛会进一步降低。

2）链路劫持：这是最常见的内容篡改手段，劫持点可以存在于互联网的任何位置，几乎不可预测。但链路劫持的解决方案也比较明确，就是加密传输（HTTPS）。

3）CDN sever 篡改：这指的是对 CDN 服务器上内容的篡改，笔者所在企业采用的主要是商业 CDN，这种情况一般比较少见，但也遇到过不止一次。主要解决方法一是对源站和 CDN 父节点之间进行链路劫持（这种情况可采用链路劫持的处理方式），二是渗透进相关系统进行文件篡改。

4）DNS（Domain Name Server，域名服务器）劫持：这种情况比较隐蔽，但获取 DNS 权限的门槛也比较高。

5）内部人员渗透：这种情况其实和有偿发稿的情况相似，方法无非就是找到合适的人、谈价格、发布、付款。但具体处理起来比较复杂，首先需要完善的内审措施作为保障和威慑，另外就是审发机制和安全教育了。

6）假篡改：这是最奇葩的一种情况，笔者也不止遇到过一次。一些别有用心者在极小范围内（甚至自己的 PC 上）对网站内容进行篡改（或 PS），然后将结果截图，并通过一些途径（如微博、QQ 群等）传播。这种情况几乎无法防御，要做的只能自证清白。所以，生产发布和审核环节的数据留存非常重要。

笔者团队从 2015 年起横向对比了多类内容安全产品，总体来说内容安全产品有如下几个流派。

（1）文件保护派

通过网关级设备（如 waf）对文件进行保护，每次更新需要很高权限。这种方案适用于节点较少、更新不频繁的技术架构。

（2）内容比对派

通过两个网页的比对，找到两个版本间的差别，再将差异化内容推送给负责人审核或进行关键词分析。

（3）智能分析派

伴随着人工智能技术的兴起，内容安全领域也有大量企业投入了研究，而且快速地衍生出了很多应用场景，尤其在图片鉴黄、敏感人物识别等方面有非常好的表现，但智能分析不能解决一切问题，最后还需要人工审核。

（4）人工审核派

早期的人工审核是全内容人审，效率比较低。但从目前的技术发展来看，人工审核在相当长的时间内都不太可能完全被替代，技术要做的是不断优化人工审核逻辑，使之效率更高。

经过分析，笔者总结出了防篡改需要解决的几个核心问题，大家在了解产品时可以考虑从这几个角度去了解。

（1）如何判断篡改和修改

这是内容防篡改最核心的问题，很多产品通过前后版本比对，将差异内容交由人工审核，这种系统本身不负责正确性校验，只是避免了重复人工审核。变化频率较低的场景可以使用该方法，但在内容频繁修改的场景就显得力不从心了。

（2）时效性问题

目前市场上常见的内容安全监测服务，都是机器+人工判断，这种方法是由系统实现一部分的正确性判断，将无法判断的内容交由人工处理，这本身没有问题，但由于安全公司的服务团队不可能只针对某一个企业进行服务，所以一般对异常情况的发现时间较长。

（3）基于硬件的防篡改方案如何在采用CDN架构中部署

笔者见过不少基于waf对页面实现防篡改的方案，这种方案一方面是需要与发布系统进行一定的结合，否则操作非常麻烦；另一方面在页面更改频繁的环境中，时效性也很难解决；最重要的是在采用CDN（尤其是租用商业CDN）架构的环境中基本无法实现。

10.1.2 内容安全的整体思路

近年来，随着人工智能技术的发展，尤其是视觉技术的发展，内容安全除了防篡改之外增加了内容分析的能力，使得企业在内容安全方面的技术选择越来越多。综合前文提到的相关问题，笔者团队设计了内容安全的整体解决方案，如图10-1所示。

1. 内容比对

这是我们最早想到的方法，用于解决网站内容正确性问题。具体方法是通过爬虫从外部模拟用户抓取页面，与发布系统发布的版本做比较。抓取的内容包括：html文件、所有图片文件和所有自有js文件。

为了发现部分分区域链路篡改的问题，爬虫分布点的分布越广越好。为了解决分布式问题，笔者曾经尝试通过修改DNS的方式模拟各地用户访问，但结果发现很多DNS区域保护导致用户不能访问，所以目前只能通过布点的方式解决此问题。之所以采用比对的方式，是因为我们没有实现HTTPS，只要实现了HTTPS，链路层的问题就可以完全解决。

爬虫抓取就是为了比对，但由于需要解决源站的CDN失效性问题，需要多次比对逻辑，图10-2是内容抓取和比对的总体逻辑，比较繁杂，是由于我们发布系统的一些具体情况限制，所以这个逻辑并不通用，大家可以根据企业发布系统的实际情况设计爬虫和比对逻辑，图 10-2 仅供大家参考。

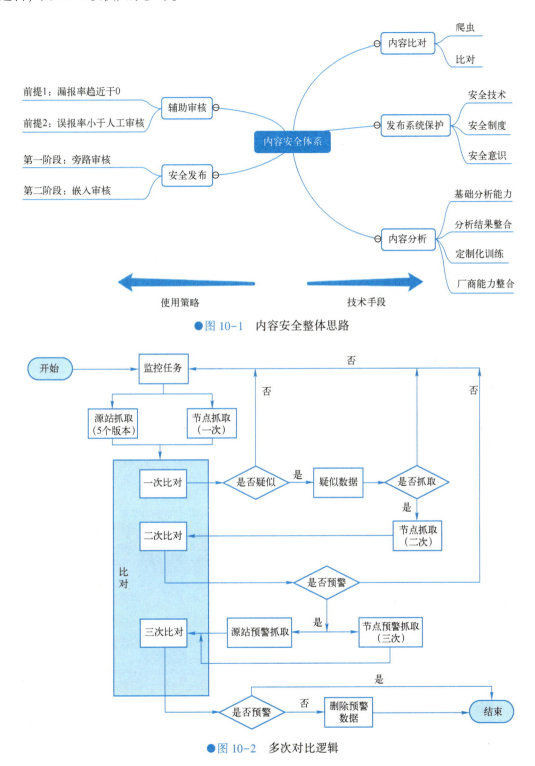

●图 10-1　内容安全整体思路

●图 10-2　多次对比逻辑

为了应对时效性和频繁更新的问题，我们设计了 5 个源站版本和三次比对的逻辑，总体看起来比较复杂，这是为了适应我们发布系统的一些特性，还是那句话，这个逻辑并不通用。这套逻辑最重要的就是如何选择监测点部署的位置，因为我们不可能无限地部署监测点，必须要根据实际情况将监测点部署到最容易出问题，或者企业最关注的区域。

这里需要特别注意的元素是 js 文件，从笔者经历的各类内容安全事件看，js 文件被篡改的占比非常高。js 文件的调用逻辑复杂，再加上经常会有域外的调用（比如广告），这造成了内容展现极大的不确定性。我们的解决办法是：将 js 文件当作资产进行管理，通过爬虫将全网 js 文件和所牵涉的页面进行全面统计，再由业务部门领用，并清理没人维护的 js 链接（尤其是外站的）。清理完成后，就可以通过比对逻辑将外网爬取的 js 文件的文件名和内容与 js 资产库里的内容比对，实现对 js 文件篡改的监测。

2. HTTPS

HTTPS 是解决链路劫持问题的终极解决方案，在没有 HTTPS 的时候，可以采用比对逻辑发现外部的链路劫持，完成 HTTPS 建设后比对逻辑基本就没用了，笔者团队已经将比对逻辑另作他用。

HTTPS 是以安全为目标的 HTTP 通道，在 HTTP 的基础上通过安全套接层（Secure Socket Layer，SSL）传输加密和身份认证保证了传输过程的安全性。对于 SSL 我们只需要知道两点，一是 SSL 采用的是混合加密算法（对称加密+非对称加密）；二是内容数据采用对称加密算法加密，而 SSL 非对称加密算法加密的则是秘钥，SSL 加密逻辑可以参考图 10-3。

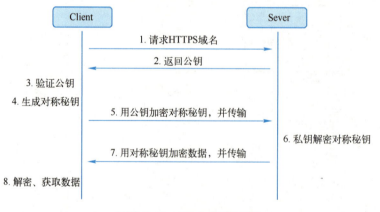

● 图 10-3　SSL 加解密过程

从图 10-3 可以看出，非对称加密的公钥是可以公开传输的，但私钥一定要保护好，否则整个 HTTPS 的加密环节都会失效。

如果在系统建设初期就考虑了 HTTPS，是一件非常幸福的事，但如果"不幸"要在非 s 系统上做改造，事情就比较麻烦了，笔者简单梳理一下 HTTPS 改造的大概步骤和可能遇到的问题，步骤如下。

（1）域名梳理

域名梳理需要切入点，我们总要把域名盘点清楚再做下一步打算。盘点域名主要解决两个问题,"有哪些"和"是谁的"。如果企业对域名管理比较规范,可以从系统中直接导出即可。但一般来说,所有资产管理都面临一个难题,就是上线通报下线不通知。笔者团队当时采用了镜像 DNS 流量的方式盘点在用域名,将一个月内没有解析的域名定义为疑似下线,再找相关部门确认。另外,由于 DV 证书通配规则只能通配一层,也就是 x.y.abc.com 不能用 *.abc.com 来通配,必须用 *.y.abc.com。如果企业域名层级很多,会给采购证书带来很多成本压力。通过 DNS 流量分析的工作可以清晰地看到企业各层级域名在一段时间内的访问量,访问量较低的,可以归并到上一层去,比如将 x.y.abc.com 改为 xy.abc.com,归并效果如图 10-4 所示。

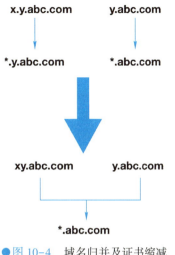

● 图 10-4 域名归并及证书缩减

(2)证书采购

在将域名梳理得比较完善后,证书采购工作就相对容易了。但仍需要考虑 HTTPS 改造的范围以确定证书数量、多个通配域名是否合并到一张证书、证书提供商的情况等,虽然签发机构可以对证书进行多次签发,但如果证书已经部署在业务服务器或卸载平台上,更换还是需要一定成本的。一般情况下,一年的磨合期是有必要的。另外需要注意的是,企业需要根据实际情况考虑是否采用入根的证书,因为未入根的证书会在用户访问时显示网站不安全,一般来说,内部使用的网站可以不采用入根证书,而面对 C 端用户的系统尽量采用入根证书。解释下"入根"这个词,入根指的是证书颁发机构在根证书库中注册,得到主流浏览器的信任。图 10-5 为谷歌浏览器非信任证书告警。

● 图 10-5 谷歌浏览器非信任证书告警

(3) 卸载平台建设

HTTPS 在 HTTP 的基础下加入 SSL 层，而在应用程序处理之前，需要将 SSL 层卸载掉，卸载可以选择在应用服务器上进行，也可以采用集中卸载的方式。在服务器上卸载会导致应用服务器资源消耗和证书安全性问题，所以笔者所在企业采用了建设集中卸载平台的方式。SSL 卸载平台架构如图 10-6 所示。

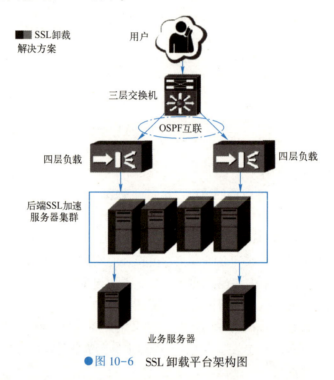

图 10-6　SSL 卸载平台架构图

(4) 业务改造

加密传输杜绝劫持是我们的最终目的，那业务改造就是这个目的的最后一步，可以说之前的工作都是为此做铺垫，业务改造可以说是这些环节中最麻烦、最艰难的一步，因为这业务逻辑是强相关的，需要改造人员先识别企业有多少种业务，每种业务的业务逻辑是怎么样的，这样才能有的放矢地进行下一步的改造计划，当然在改造的过程中一定要切记业务负责人才是这项工作的核心。

可能遇到的问题如下。

1) 域名归并：需要寻找切入点，并处理大量的数据，可以通过一些字符处理脚本实现。重要的是，关停与合并的过程需要全程与负责域名的同事确认，沟通量会比较大。

2) s 页面与非 s 页面嵌套：这个是在页面改造中非常常见几乎无法避免的，只能通过查代码、不断测试等方式一点一点地进行修改。旧版浏览器在 HTTPS 页面嵌套非 HTTPS 内容时会报错，现在高版本的浏览器都可以识别页面中非 s 的资源。

3) SNI 问题：低版本的 Windows 是不能识别 HTTPS 握手时的头信息的，所以在一台服务器配置多张证书的时候就不能进行证书的识别。为了支持这些低版本用户，需要考虑到 sni 的问题。当然核心是一台设备就装一张证书，具体形式可以按照企业实际情况进行。

4）证书部署问题：其实证书的部署问题不是很大，配置格式等都是标准的，自研系统也无非是 IIS、Nginx、Java 等几种形式。但是证书的管理是一个比较大的问题，需要有完善的制度、登记措施等。当然每年或者每两年进行一次证书更换也是必须。

3. 发布系统保护

完成 HTTPS 改造后，内容安全的视角基本可以从外部转向内部。这是安全团队最熟悉的工作，但我们一般不归入内容安全设计方案中，不是因为不相关，而是范围太大。下面从发布系统的角度简述发布系统保护的基本思路。

（1）技术手段

笔者所在的体系按照等级保护作为基础参照系，将发布系统单独划分出安全域，根据实际情况落地所有我们认为有效的技术手段。这是我们的老本行，就不展开了，需要注意的是如何划定发布系统的范围，因为一个网站几乎所有的系统都与发布有着千丝万缕的联系，很难做到隔离。

（2）管理手段

针对发布系统的安全管理，除了标准的安全管理体系外，还需要类似审发机制、发布系统操作流程等业务相关的管理规范。

（3）安全意识

发布内容的最终是人，所以安全意识的灌输非常重要。笔者团队正在通过一系列对内运营的手段完成员工安全意识培养，安全意识部分的内容，将在本书第 11 章安全运营中详细阐述。

从安全角度来说，做好内外部管控就可以全面杜绝内容安全问题，但大家都知道，安全无法做到 100%，而且本章关心的已经不是单纯的安全问题，而是业务。所以我们需要借助人工智能技术解决剩下的一些问题。

4. 智能审核

智能审核随着人工智能技术的成熟而兴起，主要采用了深度学习、知识图谱等技术解决人脸识别、鉴黄、自然语言处理等实际问题。智能审核的思路与以往的防篡改不同，关注点不在攻防层面，而是通过大量逻辑判断内容本身是否正常，而不关心内容的来源。智能审核的主要能力如下。

（1）NLP（Natural Language Processing，自然语言处理）

这其实是常规敏感字审计策略在 AI 技术帮助下的一个升级，NLP 是很复杂的一个工程，尤其是在博大精深的中文语境中。但这不影响我们对该技术的使用，从目前各商业公司的产品和开放的技术来看，它在判断情感倾向（正面或负面）方面还是比较准确的。同时也可以针对一些具体需求，利用已有样本进行定制化的训练。但目前的技术对较长文章的分析和复杂逻辑的梳理是有欠缺的，笔者认为这需要在足够细分的领域精耕细作。

（2）图片审核

这是近年来 AI 领域最火的应用。我们测试过多家公司的识别接口，审核类型总体来说效果排名如下：色情图片识别、恶心图片识别、暴恐识别、政治敏感识别。我们目前使用的就是这几类能力，但事实上还有很多识别接口可以使用，甚至有定制化训练的接口。从上面的排名能够发现一些规律，排名靠前的都是识别规则没有变化，或者变化很小的。而应对规则变化较大的审核需求，考验的是规则的获取能力和落地能力。

（3）视频审核

从目前笔者了解的情况看，视频识别在图片识别之前加上了视频流处理、关键帧提取等视频处理技术。最终还是图片处理，笔者目前还没看到哪些厂商能结合视频的上下文做综合判断。例如，有5个字的反动标语分别出现在5个不同帧的不同位置，人脑很容易将其拼接到一起，机器就要解决精确抽帧和上下文关联的难题。除此之外，就是对声音的识别主要有两个方向：一是通过语音转写将语音转换成文字，再利用NLP和文字审核逻辑检测文字内容；二是通过对声音的分析识别娇喘等违规声音。

现在很多厂商都提供了很丰富的智能审核能力，企业可以根据需求灵活选择。图10-7为百度的视频审核能力示意图。

● 图10-7　百度的视频审核能力示意图

有了上述智能审核工具，对工具的使用也是非常重要的一个话题。笔者团队对审核工具的使用主要集中在辅助审核和安全发布两个方面。

（1）辅助审核

辅助审核是非常顺理成章的方式，方式是将需要审核的内容先送给智能审核系统，过了审核系统后的信息有三种过滤模式。

1）极大概率是违规内容的（一般概率90%以上，但具体阈值根据实际情况而定），直接过滤掉，当然重要信息也要交给人工审核进行确认。

2）可疑数据（一般在60%~90%之间，同样视情况定阈值），交给人工审核。

3）较大概率不是违规内容的（60%以下），直接通过，但重要信息依然需要人工审核。

大家可以看到，在极端情况下，智能审核的所有结果都是要过人工审核的。因为深度学习技术本质上是一个概率问题，在重要内容的审核上，无论几个9的准召率都和100%有本质的区别。所以，不同行业、不同场景，甚至不同内容对智能审核的要求是不同的。是否允许误拦截、对错误发布的容忍程度、时效性要求、人工成本等因素都会对智能审核系统的阈值调整和使用方式造成影响。

下面分析一个非常典型的场景，某企业对智能审核的使用方式如下。

1）极大概率是违规内容的，直接过滤掉，因为无拦截对企业影响不大。

2）可疑数据，交给人工审核。

3）较大概率不是违规内容依然需要人工审核，因为错误发布的影响很大。

大家来看这个场景，除了1）之外，剩下的内容都需要人工审核。这种情况下，智能审核给企业带来的价值取决于情况1）的数量，如果过小就不能给企业带来价值，如果内容上只有1%的数据是被智能审核系统识别成情况1）的，那么系统给企业带来的价值仅仅是减少了1%的人力成本。

从上述例子可以看出，并不是所有企业都适合部署智能审核系统的。再次强调，智能审核要根据企业实际情况部署！

（2）安全发布

既然有审核了，为什么要做安全发布呢？一般来说，审核并不是审核发布的最后一步，而发布流程更可能的是图10-8所示的情况。

● 图10-8 一般发布逻辑

也就是说，审核之后数据至少还要经过一个系统才能发布到外网的cache服务器，如何保障这个过程的传输呢？这就回到了10.1.2.3节发布系统保护的内容了，但是在10.1.2.3节笔者也提到没有人能做到100%安全，所以我们在内容最终发布前做了一个兜底策略——将内容审核系统放在传输和公网cache之间，如图10-9所示。

第一阶段 旁路审核：不影响现有发布逻辑，将内容copy出一份用于审核，发现问题报警，后续由人工干预。同时，人工审核的结果同步到内容审核系统，作为训练数据，以进一步提升审核能力。更重要的是这个阶段可以测试系统的稳定性，从而有信心进入第二阶段。

第二阶段 嵌入审核：如果系统分析能力符合预期，第二阶段将审核系统嵌入整体发布流程中，审核系统可以直接拒绝部分内容的发布。如果将内容审核系统串到发布环节中，一方面需要审核系统有足够高的稳定性和足够低的时延；另一方面要有应急措施随时跳开审核系统。

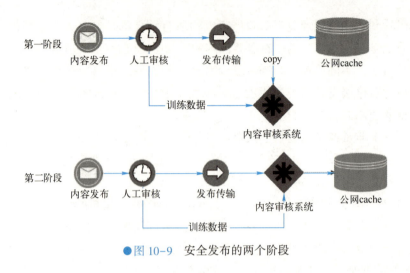

● 图 10-9　安全发布的两个阶段

10.1.3　内容安全面临的一些问题

目前，市场上有大量内容安全解决方案，但站在互联网媒体的角度看，现有的方案只能解决少部分问题。还有大量的需求有待被技术解决，本节就梳理一下从技术角度看内容安全领域尚未解决的问题。

1. 从人脑到机器的策略落地

在实际工作中会经常遇到机器无法判断内容合法性，而人可以准确判断的情况。从经验上看，这类内容至少有 30%~40% 可以通过增加策略来解决，但这部分策略的转化要将内容审核人员大脑中相对模糊的策略，转化成可编码的现实策略。这个转化中第一个任务就是打通内容审核人员与技术开发者之间的语言壁垒。

一般来说，负责内容的同事往往对技术不太了解，很难用可编码的语言将其审核策略准确表述，所以需要一个"翻译官"的角色，负责将模糊的非结构化输出（口述）转换为可编码的规则。这项工作至少要攻克两个难关：一是内容审核人员日常工作很忙，如何让他们有时间、有意愿给产品和技术人员输出相关的信息。这需要"翻译官"们做大量的沟通工作，不建议通过政策强压，这样输出的效果一定不好；二是这些口述的非结构化数据非常零散和模糊，如何将其准确地转换成机器语言。大多数时候，不要指望可以一下解决所有问题，只能日拱一卒地不断提升准召率。

2. 知识图谱在审核工作中的落地

在前文提到过，对机器审核来说最大的困难是面临大量随时可变的审核规则。但变化可以通过实时响应来解决，但是对于有大量隐喻和类比的审核来说，不太可能通过写策略枚举所有的可能性。在笔者团队的计划中，希望通过知识图谱来解决这类问题。通过知识图谱建立一个词（或字）显性的意思与隐喻关系，再通过一系列显性化的意思重新组合原文，从理论上说可以解决一部分隐喻的问题，而人的工作就是维护这个知识库。举个例子，我们建立一个简单的知识库，A 隐喻 1，B 隐喻 2。那么遇到 AB 这个词就代表 12。再复杂一点，同样 A 隐喻 1，B 隐喻 2；同时 1 又隐喻 x，2 又隐喻 y，那么 AB 可能代表 12、1y、x2、xy。这四个词都可以到词库中筛选。对于笔者团队来说，这还是停留在想法上的一个方案，这个方案可见的"坑"有很多，目前还没有机会实施。

3. 上下文分析

目前的内容审核产品，无论是视频还是文字（音频也是转换成文字），都还不能解决上下文的问题。先说视频审核，目前所有的视频审核都是通过关键帧（或者全帧）的静态检测。对于不同帧之间的关联关系无法给出判断。例如，每 10 帧显示一个字，连续 100 帧显示的 10 帧各自组合成一个违规词语，这种情况机器几乎没有办法。更现实的例子是对飘动国旗的识别，人脑可以将一组连续的画面组合成一个完整的国旗，但是机器还无法做到。

再说文字审核，对评论类的文字审核来说，商业产品只能从单一维度判断评论文字是否合规，而无法结合被评论内容评估合规性。例如，一个评论内容是"挺好！"，严格意义上只看这两个字无法判断这条评论是否合规。如果被评论内容是一个积极向上的内容，则是合规的；如果是个灾难性事件，这是违规的。目前，笔者团队计划采用简单判断内容和评论的正负情绪来做辅助判断。也就是说，正向内容不能有负面评论，负面内容不能有正向评论。当然这是非常模糊的方式，这类审核结果一定要送给人工审核确认。

综上所述，对内容的机器审核在如今的技术现状下，不可能脱离人工。选择机器审核的策略需要充分考虑机器与人之间的衔接。

10.2 数据安全

最近几年，安全团队如果不出去讲讲数据安全，可能都不好意思跟别人打招呼。而且，现在几乎每个月都有或大或小的数据安全事件，或是数据被盗，或是数据遭到恶意删除。无论哪种情况，都给企业带来了非常严重的影响。

数据对于企业来说已经成为非常重要的资产，关乎企业命脉。要做数据安全，首先要了解，需要从哪些方面保护数据，总的来看，有如下几个关键点。

1）服务器端存储：明文存储数据是一个比较大的隐患。但从这个位置获取数据需要入侵到系统中，或者具备内部权限。另一种风险是敏感数据存储到了公有云中，这就需要数据落盘前完成加密。

2）终端：终端是最难管控的，可以分别从 PC 终端和手持终端的角度管理终端上的数据安全。服务器端和终端存储的数据都属于静态数据，下面我们看看动态数据的安全。

3）网络传输：网络传输明文数据容易出现被非法监听和被中间人攻击篡改数据的情况。尤其在公网传输的敏感数据，网络链路层加密非常关键，但这类问题的解决方案也最多。静态数据和动态数据都可以采用封堵的加密手段作为解决方案，但内存和 CPU 寄存器中的数据无法被加密。

4）内存：数据在存储和传输的环节都可以加密，但是在使用过程中，加载到 RAM 里的数据是无法加密的。攻击者可以通过系统漏洞获取这些内存中的信息，著名的"心脏滴血"漏洞就是利用这个基本原理。但在大部分企业的安全团队，只需要关注此类漏洞即可。

5）人脑：这是数据安全最难防守的阵地，对于那些可以通过眼睛和大脑记录的信息，很难通过技术手段加以限制，这类信息只能控制传播范围，笔者暂时没有想到什么好的方法。

值得注意的是，上述几个关键点的保障方案不是一个整体，在企业没有全面启动数据安全解决方案的时候，安全团队需要根据具体威胁，针对上述不同位置进行分段保护。例如，敏感数据难以避免通过公开网络传输，我们就应该先实行网络传输加密的解决方案。

上述视角是从数据流转的关键点来看的，但一般数据安全的解决方案会从另外一个视角，也就是数据生命周期的视角来看待数据安全工作，这个视角更加全面，适合全面评估时使用。

（1）数据治理体系

在很多安全建设中，基础安全能力都是先自下而上逐步建设，等到安全建设达到一定程度后再逐步进行体系化建设。但数据治理则不同，这不是一项技术工作，尤其对于有重要敏感数据需要保护的企业来说，数据治理要从公司高层制定战略方向开始，否则，数据治理的方案就没有可行性。例如，据笔者了解，某大型互联网企业对数据安全要求是 0 泄露，虽然这个要求高到几乎不可能实现，但这毕竟是个明确的目标，企业也会根据这个目标匹配相应的资源。而且据笔者了解，该企业已经通过多个维度的手段基本达成了这个目标。综上，数据治理需要一个宏观的战略目标，并以此为依据逐步分解成组织和政策设计，最后才是技术手段和数据梳理。

（2）数据梳理

在数据安全工作中，很多企业将数据梳理工作叫作数据治理。但笔者认为，数据治理的体系更加庞大、更宏观，应该在完成数据治理体系的建设后，再开始数据梳理的工作。简单地说，数据梳理应该包含数据类型梳理，数据定级，和数据来源、存储位置及使用方式的梳理。这是一个非常繁杂的工作，需要企业内部人员与专业机构联合梳理，并评估风险。

（3）授权访问

有了上面的梳理工作，常规的数据授权机制就可以落地了，通常是按照权限最小化的原则对用户可接触的数据范围进行授权。授权机制要配合身份认证来做，这在技术上比较成熟，但是对于大量动态的授权规则，流程系统与授权规则联动是个非常重要的环节，否则大量的配置会导致误操作概率增加，工作效率也会大幅降低。

（4）数据加密

前文提到过，对于数据存储和传输环节来说，加密是非常重要的保护手段。根据实际场景，包括但不限于：磁盘加密，文件加密、以 HTTPS 为代表的网络链路层加密等。此外，大量的加密手段涉及秘钥管理的工作，这对很多企业来说是个不小的负担。最后，存储加密在某些需求上还涉及密文检索的问题。

(5) 数据脱敏

数据脱敏是非常常见的数据保护方式，通过部分明文的展示方式，既满足业务需要又有效地保护了数据安全。数据脱敏工作需要有两点注意事项，一是脱敏点尽量贴近数据源，从而避免网络监听的风险；二是脱敏的有效性，脱敏能力失效并不会影响业务运行，但一旦失效会造成比较大的声誉损失。

(6) 水印

水印技术主要用来防止以拍照、截屏或者文件传输的方式传播敏感数据，水印的核心能力是威慑和溯源，但并无真正的防御能力。而市场上可见的水印技术也主要包括明文水印和隐形水印，明文水印用于威慑，隐形水印用于溯源。在使用上，这两种水印可以复用。

(7) 匿名化

匿名化主要针对敏感数据用于内部或提供给外部研究时的处理方式。通过隐藏姓名、身份证号等信息避免透漏用户隐私。但值得注意的是，匿名化之后的信息也能大概率地对应一个人。英国帝国理工学院研究团队新开发了一种统计方法，只需要知道少数几个属性，如邮政编码、出生日期、性别和子女数量，一般就能够以高可信度重新识别出个体身份。所以，匿名化后的数据我们不能想当然地认为可以随意传播。为了提高安全性，也可以采用 K-匿名方法，如将出生日期由"1982"年处理成"1980-1985"，身高由"168"处理成"165-170"，这样就可以进一步保障数据安全。

(8) 数据销毁

对于不再使用的数据，销毁是个重要的环节，常规的删除操作很容易恢复数据。所以比较严格的销毁数据有四种方式：①覆写，多次覆写不易恢复，但还是有恢复数据的可能；②消磁，消磁后磁盘损坏，成本很高；③加密，加密后删除秘钥，对于已经磁盘加密的数据仅需删除秘钥即可，成本较低，适用于公有云数据销毁；④销毁，最极端的方式，成本很高。

(9) 数据滥用检测

虽然很多企业从授权层面已经做到了最小化权限，仍然不能让被授权人无限制地使用这个"最小权限"。例如，一个客服人员可以查询用户信息，以便帮助用户解决问题，但如果这个客服每天查询了一万条信息就不正常了。应对这种情况，一方面在策略上尽量不允许批量查询；另一方面，由机器学习技术催生的 UEBA（User and Entity Behavior Analytics，用户及实体行为分析）是非常好的选择，此类产品可以通过查询数量、查询分布、行为方式等维度进行无监督学习，同时可以集成企业已有策略作为专家知识。

(10) GDPR（General Data Protection Regulation，通用数据保护条例）

GDPR 是数据安全领域最重要的法律，于 2018 年 5 月 25 日生效。如果你的企业有收集、存储或使用过有关欧洲居民的个人信息，很可能会受到 GDPR 的影响。GDPR 也号称"史上最严的个人数据保护条例"，最能引起大家注意的是其罚款金额，可以高达全球营业额的 4%。也就是说，如果一些互联网巨头被其处罚，可能涉及几十亿美金的罚款。极其严厉的条款加上高昂的罚款，让很多企业在开展欧洲相关业务时非常小心。因为 GDPR 在很多方面的表述非常简练，如果企业的业务会涉及 GDPR 的规定，就需要一个专业的团队辅助开展这方面的工作。

10.3 风控

与数据安全类似，风控也是安全团队要研究的时髦话题。与传统网络安全不同，风控是能直接节约运营成本的工作。风控这个领域基本上是伴随着黑产的发展而发展起来的。主要面向于钓鱼、虚假注册、"薅羊毛"、欺诈、恶意贷款等风险。其中争议比较多的是"薅羊毛"，"羊毛党"一直处于法律的灰色地带，但相信随着法律的不断完善，"羊毛党"的生存空间也会不断地被压缩。

宏观上，风控相关工作的终极目标不是让业务风险归零，或者消灭所有"羊毛党"，因为做不到。最符合企业利益的是不断增加对手成本，最好让成本超过收益。另外，让"羊毛党"的成本高于收益的同时，要保证风控的成本低于被保护系统或活动的价值，这是所有安全工作的基本原则。如果不能让"羊毛党"的成本高于收益，至少要做到与同类其他平台相比，在自己平台的收益相对较低，也就是说在被熊追赶的时候，即使跑不过熊，也要跑过同伴。此外，笔者还非常赞同赵彦在《互联网企业安全高级指南》中提到的几个原则：永远的情报、方法比技术更重要、数据比算法更重要、勤能补拙、忽略性能、用户体验和成本的风控没有意义、纵深防御、杀鸡儆猴等，感兴趣的读者可以读原书内容。

防范外部的同时，内部员工盗取数据也是非常值得关注的风险。现在很多安全团队的工作量越来越多地转向内部，与外部防范不同，内部员工的权限常被滥用。前文提到的 UEBA 和后文将要提到的安全意识培训是标准的治理手段。与此同时，全团队要在企业内塑造有强大监控和溯源能力的形象，这是威慑力的来源。

10.4 办公安全

办公网安全从传统意义上说不算业务安全，但又与我们熟悉的生产网面临的威胁大不相同。对于生产网络来说，最大的特权区域就是办公网。但相对于生产网，维持办公网秩序的难度要大得多。除了日常办公的需求，还要允许查询资料、下载，甚至购物和游戏。虽然原则上大部分企业都不允许利用办公电脑办私事，但很少有企业能做到严格管控，尤其是互联网架构的企业，既无法做到生产网与办公网全面隔离，又无法将办公网限制得过于严格。所以，对于办公网安全的保障第一要考虑的是企业文化，要将企业文化与安全需求相结合，制定最有效执行的解决方案。办公安全主要的关注点如下。

（1）主机防病毒、补丁管理

在主机防病毒方面，企业能做的就是选择一个大厂的防病毒产品，做好终端防病毒。与此同时，很多防病毒软件也自带了补丁管理、准入、应用软件管理等功能。在主机体量较大的企业，要重点测试商业产品的大规模集群管理能力。

（2）网络防病毒方面

现在七层的网络安全设备几乎都有网络防病毒的能力，一方面需要考虑重要系统间东西向流量的检测，另一方面毕竟是七层检测，需要关注产品性能和检测的全面性。

（3）准入

网络准入采用 802.1x 的很多，另一个层面，考虑到远程办公的场景，可以采用 SSL VPN 的解决方案。无论哪种场景都需要解决终端安全（不能让带病毒的主机接入）和自动下线的问题（不能让无人看管的主机一直在线）。在准入上增加多因素认证也是非常好的选择，既避免了令人头疼的弱密码问题，优秀的多因素认证产品也能简化登录操作，提升安全性。

（4）系统升级

对于 Windows 停止安全更新的系统，要及时升级。这需要对企业内系统资产有一个清晰的了解，然后制定升级方案，虽然针对定制更新的系统，安全厂商还会有针对性地提出解决方案，但这毕竟不是长久之计。

（5）行为审计

行为审计在数据安全、内审等很多领域都能起到相应的作用。需要注意的是，在监测员工办公行为时，一定要通过多种方式告知员工，一方面避免相关的法律风险，另一方面也是一种威慑手段，从而一定程度地避免事后追责。

（6）虚拟桌面

虚拟桌面在数据安全（数据不落地）和节省资源（存储资源共享）方面有不少优势，但并非所有工种都适合虚拟桌面方案。所以虚拟桌面的方案不能一刀切，需要逐步过渡。可以先在现有主机上通过软件的方式实现虚拟桌面，再将逐步淘汰的终端替换成虚拟桌面的瘦终端。

（7）代码保护

企业自主研发产品的代码泄露会导致不同程度的危害（根据代码和企业性质而定），所以对源代码的保护是企业非常关心的一个问题。虚拟桌面、标准 DLP、GitHub 网站爬虫都是保护代码的方式，但任何一种方式都不能保证代码 100%安全。

（8）防勒索

2017 年 5 月 12 日，WannaCrypt 席卷全球。给笔者印象最深的就是其 ToB/ToC 通吃的特性，以及这个事件体现的关闭无用端口的重要性。在此之后，有几个朋友都私下找过笔者商议被勒索后的解决方案。一般来说，第一步可以尝试用公开的勒索秘钥进行解锁，有安全服务的企业可以联系安全服务商（可以获得更多秘钥）。如果上述手段解锁无效，就不要再浪费时间过多地尝试解锁了，以目前计算机的速度，拿不到秘钥根本不可能解锁，除非等到量子计算技术成熟。对于没有备份的重要系统，只能乖乖就范，交赎金。一般情况下，交赎金还都是可以解锁的，而且联系的效率不算很低。对于有备份或者不是很重要的系统，可以直接重装系统。

当然，事后解锁远不如事前防范。最首要的任务就是关闭高危端口，缩减攻击面。此外，漏洞修复、数据备份、查杀病毒等工作也要跟上。另外，前期准备好应急预案是非常有必要的，因为勒索病毒会导致部分企业停产，这就不是单纯的信息安全事件了，关乎企业存亡。

10.5　小结

安全最终服务的对象是业务，而业务安全是安全能力输出的最上层的形态。接触业务安全，给安全团队带来了很多挑战，当然也有很多机会。但业务安全与安全攻防的工作思路完全不同，接触业务安全的团队要站在另一个角度审视安全工作，这是一个难得的提高团队整体实力的机会。

运 营 篇

关于安全运营的问题，笔者将从所在企业的安全工作发展说起。在早期（2008年前后）技术体系没有专职的安全人员，只通过安全服务商租了一个安全工程师驻场，没有规定安全工程师需要发现多少问题或者做哪些类型的工作，发现的问题也不能完全处置，当时作为网络工程师的我对安全工作配合程度就不高，对于乙方工程师来说积极性也不可能太高。这是安全工作的**第一阶段**，安全岗位可以说是聊胜于无，这是起步阶段。

进入**第二阶段**，我们成立了安全部门，也从安全厂商聘请了一名工程师过来。有了专职的人，挖漏洞、入侵检测的工作就有了持续推进的动力。但一方面人手太少，另一方面技术部门的人都没有形成配合安全工作的习惯，所以那个时候安全工作推进速度都很慢，但这是很重要的积累阶段。

之后我们就进入**第三阶段**，安全团队扩编，安全团队与技术体系经历一个漫长的磨合期。渐渐地，大家形成了与安全团队配合的习惯，一些基础的工作（如漏洞修复、清除后门甚至重装系统、封堵恶意IP等）可以正常推进。在这个阶段，我们本以为安全已经做得不错了，但是安全事件的发生概率还是没有质的下降。究其原因，是非安全部门的工程师将安全工作当成是低优先级的、锦上添花的工作，没事的时候可以去做，但是一旦忙起来，安全相关的工作肯定是往后推的，不幸的是，他们一般来说都很忙。而安全部门的工程师只关注工作量，还没有对结果负责的想法。例如，渗透测试工程师只关注今天挖了几个洞，而不关心修复漏洞的情况，因为这是运维和开发的事，你就是不修我也没办法。而负责威胁检测的工程师在多次提示同一个恶意IP而得不到回应后也就把这个IP加白名单了。这种情况下，安全事件当然是无法避免的。

经过思考，我们进入了**第四阶段**，从关注工作量到关注结果。简单的关注点的变化引发了我们大量的思考和实践。笔者经常用"苦劳"和"功劳"来类比"工作量"和"结果"，企业投入大量资源建设安全团队需要的是"功劳"，而非苦劳。引用职业欠钱在《我理解的安全运营》一文中的话，"企业多数情况下是为产出付费,而不是为知识付费。"而笔者想补充的是,企业在多数情况下也不会为工作量付费。再引用薛兆丰老师在经济学课中举的一个例子:一辆破烂的自行车,被一个大学教授刷漆之后,是不会因为凝结了一位大学教授的劳动而大幅增值的。物品的价值取决于供需关系,而不是劳动量。同理,一个成熟的团队不能每天告诉企业我们有多忙有多累,而应该向企业证明,这个团队创造了多少价值。

我们反复强调结果的重要性,不是因为过程不重要,而是笔者见过太多人将注意力过多地放到过程,也就是"苦劳"上,而忽略了"功劳"的价值。

进入第四个阶段,需要做的工作就是大家在网上能搜到的大部分运营文章的内容了。这个阶段可以用excel表格来管理,也可以开发系统来管理,但一定需要工具辅助,不能随性。理由是这个阶段上到公司高层,下到工程师都需要明确安全团队的目标和指标。另外,我们一直在说的安全运营工作并不一定要设置专人专岗,在没有专人专岗的情况下安全团队的负责人应该承担起这方面职责。

企业安全运营的四个阶段

笔者通过实践和学习总结了安全运营的相关工作,如下图。

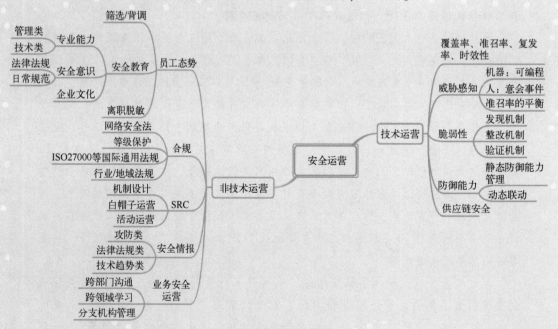

安全运营工作相关工作

第 11 章
安全运营综述

从开篇的故事可以看出，安全工作仅仅通过堆产品、堆人是很难做好的，企业信息安全建设是一个系统工程，在自然发展的情况下，企业安全工作需要循序渐进地推进，除产品、团队之外，还需要意识、认知和制度上的支持，以及一整套运营体系使所有的资源充分运转起来。笔者认为安全运营工作的任务是：在符合企业业务发展现状的情况下，不断调整定性和定量的安全指标，持续提升企业整体安全能力。

安全工作首先要明确企业需要安全团队输出的最终目标，这是管理层对安全团队相对稳定的预期。再从最高目标拆解任务，运营团队应该随时关注各项任务的进展和质量，保证与最高目标一致，属于监军的角色。而安全运营团队也应该调和企业发展情况和安全团队发展情况，既不能过度提高安全能力，导致浪费，也不能制定不符合安全能力的目标，导致无法执行。所以，尤其在安全能力还不能完全匹配企业安全需求时，安全运营团队应该在设定指标的同时，设定能力提升计划。另外，对于还在高速发展中的企业，这个目标会经常变化，需要随时关注这些变化从而调整各项指标。

还有一个值得讨论的问题，安全运营是否有可参考的最佳实践？一般来说，安全运营工作很难有最佳实践，最佳实践适用于强技术领域，在市场需求趋同的情况下可以参考最佳实践。也就是说，安全运营并不是一定没有最佳实践，可以参照与企业最终目标差不多企业的最佳实践。作为媒体网站参考腾讯的运营实践没有实际意义，只能参考思路。同样，一个小型媒体没必要参考头条的运营实践，也只能参考思路。所以，笔者在本书提出了很多安全工作思路类的观点，而非常少提出具体解决方案，就是这个原因。下面将从几个大的维度论述一下安全运营工作。

11.1 安全技术落地及顺利运转

这是一个很大的话题，也是安全运营团队最基础的工作。安全运营团队需要设定符合企业需求的安全建设路线图，并不断调整。与此同时，持续保持安全系统有效且高效地运行是安全运营需要持续关注的目标。

与安全相关的开源和商业产品种类繁多，从技术人员的角度来看，一定要选择最好的技术和产品，但从运营的角度来看就不一定了。实现一个安全需求可以选择商业产品、开源或免费软件，或者干脆自己研发。商业产品一般来说使用方便、有比较好的服务保障，但是成本和定制化需求的实现是需要考虑的问题；开源或免费的产品初期成本较低，使用后学习成本较高，技术支持不能保障；自主研发完全可控、方便定制化需求的实现，但是人力成本、时间成本和机会成本都比较高，所以很多自主研发的产品都是基于开源系统改造而来的。

选择适合的产品后，使产品与人相互结合，产生符合预期的价值绝对不是一件简单的事，第 12 章将详细分析这部分内容。安全运营团队需要根据企业实际需求灵活选择不同的方案，可以从企业性质、业务需求、技术架构、人员、预算，五个维度综合判断去选择需求和落地方法。

(1) 企业性质

互联网企业由于团队特性，可以更多地选择开源或者自研产品；非互联网企业由于IT基础设施相对较小，可以考虑比较成熟的商业产品；政府部门或国企由于对项目确定性要求较高，建议尽量少采用安全开发的模式和开源产品（当然不是不能用）；而比较特殊的一类企业是工业互联网架构的企业，工控系统对可用性的要求极高，所以安全运营与建设思路和传统IT架构完全不一样。

(2) 业务需求

从安全的角度看业务需求主要分为强安全性和弱安全性需求。强安全需求的企业安全投入高，尤其需求强到大部分安全企业都无法满足，那只能考虑自主研发的模式。弱安全需求的企业可以在合规的基础上根据风险评估结果做相应的补救即可，产品可以更多地选择商业产品或开源产品。

(3) 技术架构

主要可以分为私有云架构、公有云架构和混合云架构。私有云架构完全自主可控，产品根据其他四个维度灵活选择即可；公有云架构比较特殊，很多基础安全能力无法自建，只能采用公有云厂商的产品，如果使用多家公有云，配置和数据分析将更加复杂，应对这种情况，可以采用安全云类的产品，将安全防御能力放到公有云外，也可以采用端点检测和响应（Endpoint Dectection and Response，EDR）、微隔离类的产品，同时开发分析系统，对多家云服务商的安全检测产品的告警综合分析；混合云架构在解决公有云问题的基础上需要关注公有云和私有云间的安全防御。

(4) 人员

圈子里经常有这样的讨论：企业安全团队需要什么样的人，技术大牛还是混合型人才？"大牛论"的支持者认为，团队应该宁缺毋滥，就算请不来行业大牛也得找到高手，这样团队的技术氛围才够好，效率才够高；而"混合论"的支持者认为，企业需要解决的问题很多，各个方向请大牛，就算不计成本且请得来，也不一定留得住。另外，企业面临的问题并不总是需要大牛来解决。两种说法都有道理，前文提到，企业不会为知识和工作量买单，其实我们可以换一个思路，企业需要解决什么样的问题？从而需要什么样的人才？这个问题就明确多了。当然要根据企业的实际需求来决定人才的选择。

在总体预算一定，在每个人的收入可以有很大弹性的情况下，可以灵活分配不同级别工程师比例；但有些企业员工收入上限较低，团队一方面要更多地关注员工成长，另一方面，可以借助外部团队力量（如安全服务商、圈子等）提高企业团队整体能力。

(5) 预算

预算是业务需求之外最核心的因素。在预算充足的情况下，企业可以有非常多的选择，我们不做过多讨论。从笔者了解的情况看，很多企业都处于安全预算很少和有一定的安全预算但不够的状态。在企业中，预算永远是大家都来争夺的稀缺资源，如何用有限的资源做好手头的事才是本事。在预算不足以解决所有问题的情况下，需要识别最具威胁的安全风险，一般来说选择商业产品最省心，最大的风险建议采用合适的商业产品解决。其他风险在预算不充足的情况下可以考虑采用开源产品。

11.2 纵向与横向沟通

目前,大部分安全部门90%以上的人员是技术出身,而且以运维与网络技术居多。相对于管理人员和技术人员,安全运营则介于二者之间专业的"翻译人员",对于一名优秀的安全运营来说,既有管理层的大局意识,同时也兼顾技术人员的逻辑思维,并且可以将两种不同频率的"语言"自由地转换。

首先,有些安全项目的落地需要业务部门的配合,这就需要安全运营人员进行跨部门安全项目沟通,根据不同项目特点制定对应的推广策略及执行方案,并高效地收取反馈意见。例如,在推广漏洞管理系统时,我们启动了系统培训、前期邀测、单独沟通等多个方面的工作,最终目的是将漏洞管理工作完全搬到系统中,同时开发团队还随时跟踪使用者的反馈,随时调整功能。其次,安全工作并非是一家企业的工作,而是覆盖整个行业,需要联合各类安全企业和安全机构共同交流与合作,碰撞技术火花与研讨解决方案,取长补短,共同发展。而安全运营在这其中起到了决定性作用,优秀的安全运营将成为各企业强壮的纽带,从提出新颖的想法,到通过有效的形式,在适合的时间,将各企业联合在一起,做出影响整个行业,同时也有利于本企业的安全大事。再次,企业需要通过建立自己的合规机制,以符合国家各项法律法规;在合规合法的前提下,运营整个企业。并非想到一个实现一个,而是从整体出发,解决局部问题。最后,品牌是一个企业对外最基础的形象;专业的安全运营能够帮助企业建立自己的安全品牌,并在企业发生重大与重要事件的时候,做好相应的公关宣传工作。

此外,安全运营需要不定期地对内、对外进行安全意识类宣贯和教育工作,尤其是在国家各项相关法律颁布实施时,需要重点加强专项法律意识教育类工作。只有安全意识提高到了一定的高度,作为安全从业者才会在行为上规范自己的工作,避免因为"人"的原因,造成企业无法挽回的损失,也因此断送了自己的职业生涯。安全部门的技术人员以及安全圈内的技术人员(如白帽子)都具有较强的安全攻防技术能力,但这些人员却存在将他们的技术能力输出的短板。而安全运营了解技术、熟悉项目(产品)、精通输出,所以可以将技术能力转化为项目或产品对外输出,使更多企业和安全从业人员了解到安全部门的技术能力,同时这些能力可以解决企业的痛点、难点问题,当然也会给安全从业者带来更多经济上甚至精神上的利益(如众测),使安全技术人员的幸福指数得到明显提升。关于安全培训的内容将在第13章非技术运营中讨论。

11.3 安全团队建设

在企业中,任何一项工作要做好都需要一个优秀的团队。要组建一个优秀的安全团队需要很多方面的考量。

（1）技术能力

这是安全团队的基础，只有过硬的技术才能解决安全工作中的基本问题。但安全行业目前缺少"科班出身"的人才，企业有时不能招聘到技术能力和身价都符合要求的员工。这种情况下，企业需要有一定的新人培养能力，在关注技术能力的同时，也要关注员工的学习能力和自我驱动力。

（2）沟通协调能力

很多安全问题闭环的最后一步都不是安全团队主导的，所以要很好地解决闭环安全问题需要协调很多方面的人员。所以，沟通协调能力对安全团队来说至关重要。

（3）学习能力

新的漏洞、新的攻击方法、新的技术系统都需要安全团队的人对其有所了解，这需要大量的学习和交流。

（4）品格

安全部门的员工经常会接触很多特殊权限和敏感数据，技术手段的控制对这些有特权的管理员来说很容易绕过。在安全意识教育的基础上，更要培养团队成员的品格，勿以恶小而为之。

（5）综合能力

懂安全、懂业务、能沟通、能协作是安全团队做好工作的基础。在一些极端情况下，厘清责任、有狼性是非常必要的。所以，安全团队需要很强的综合能力，这些能力很可能是不同的人具备的，这就需要团队负责人将有不同特长的人凝聚到一起。

（6）团队凝聚力

任何团队都需要凝聚力，一个有生机的团队，一定是混合型团队，老手、新手、技术、管理都要有，给新人机会，给老手尊重，团队才能向前走。同时，让一个团队的成员有比较统一的价值观和目标是增强凝聚力的基础。

11.4 小结

经常有人问："我们买了这么多产品，为什么还是出安全问题？"这就是安全运营工作正在受到越来越多企业关注的原因。安全行业在国内发展多年，大家逐渐从产品堆砌的惯性思维中解脱出来，开始思考如何真正运营好一个安全体系，这是一个非常好的开端，相信也将是安全行业又一个向上的拐点。

第 *12* 章
安全技术运营

企业安全团队的核心目标就是服务公司技术系统平稳运行，所以毋庸置疑，安全技术运营是安全运营工作的重中之重。安全技术运营主要从技术视角关注安全能力的持续提升，首先需要给安全工作制定可度量的指标，后续的日常工作、项目建设、产品研发、产品选型等工作的目标，都将围绕达到（或进一步提升）可度量的运营指标开展。这样，安全工作就有了一个明确的目标，而在与上级沟通安全工作时，也有了一个可量化的且直观的讨论标的。在一定程度上避免了以安全事件驱动安全工作的被动局面，从而也在一定程度上逃脱了"不出事没啥用，出了事真没用"的命运。

12.1 安全技术运营的五个关键指标

前文提到，安全技术运营是安全运营的基础。总的来说，安全技术层面主要解决技术系统中的脆弱性治理、威胁管理和防御措施管理问题。这三方面在前文都论述过，本章从运营的角度再次审视一下这三方面工作。总的来说，考核脆弱性和威胁治理工作的维度有五个：覆盖率、准召率（这是两个指标）、复发率和时效性。

覆盖率：顾名思义，考察的是检测的全面性，漏扫资产不全、威胁检测流量不全是非常冤枉的事，所以覆盖率是安全技术运营的前提，安全能力覆盖不全，技术手段再高明也无法实现既定目标，而且这往往不是安全技术人员能解决的问题。

准召率（准确率与召回率）：简单来说，准确率是指检测出的数据中，正确的占多少比例；召回率是检测出的数据中正确数据占总体正确数据的比例。对于这两个数据的详细定义大家可以在网上搜，很多非常准确和浅显的解释，而且在后文的举例中笔者也会再次做准召率的计算，相信大家能够理解，这里就不赘述了。

复发率：笔者在前文提到过，如果一个企业每类安全事件都只发生一次，那么将是安全体系进步最快的企业。反过来，如果同样的安全事件反复发生，会给整个团队造成一种无力感，甚至幻灭感。看起来好像有点夸张了，试想，如果每次被入侵都是因为弱密码，那我们还搞什么源码审核、APP 加固、威胁检测？如果某个业务系统反复出现同样的几个高危漏洞，我们追求覆盖率和准召率还有什么意义？

时效性："天下武功唯快不破"，虽然有了上面三个指标就可以比较好地量化安全技术工作，但攻防之间如果不考虑时效性的问题就有点尴尬了。假如覆盖率 100%、准召率 100%、复发率 0 的漏洞扫描系统每年只能完成一次扫描，其效果可想而知。

五个基本指标的定义有了，下面将分别介绍脆弱性、威胁和防御能力如何运营这四个指标。

12.2 脆弱性治理

对于脆弱性治理，我们主要关注两个方面，一是漏洞，二是基线。我们用常用的漏洞举例，看看如何制定和计算运营指标。

12.2.1　覆盖率

漏洞管理的覆盖率取决于资产发现的能力，其要素至少包含 IP& 服务和 URL 两个方面。另外，网络和主机层面的安全策略也会导致漏洞扫描覆盖率下降。所以，需要从主动和被动两个角度收集资产信息，以尽可能实现 100%覆盖所有资产。脆弱性治理覆盖率的计算公式如下：

$$漏洞管理覆盖率 = \frac{纳入管理资产}{已知资产(纳入管理+未纳入管理)+未知资产} \times 100\%$$

从公式可以看出，计算资产覆盖率有三个变量："纳入管理资产""未纳入管理资产"以及"未知资产"。其中纳入管理资产最容易测算，而未纳入管理资产也相对容易测算，毕竟属于已知资产。未纳入管理的原因可能是由于特殊设备无法扫描或进行其他管理。而未知资产放到公式中会比较奇怪，既然是未知就是不知道的，不知道的就无法明确具体的数值，那么这个公式就无法计算。

对于企业来说，难免会有一些被忽略、不在管理范围内的资产，将未知资产纳入整体资产覆盖率的计算是有必要的。鉴于其不可知性，笔者建议可以根据企业资产管理的实际情况估算其数值，如果企业资产管理做得不太好，可以将其设置成已知资产的 10%甚至更多，反之则可以设置成已知资产的 1%甚至是 0。同时，何时调高未知资产占比（如企业收购了其他企业）、何时降低未知资产占比（如企业建设了资产管理系统），要根据企业实际情况随时调整。

由此可见，漏洞管理覆盖率的计算不是一个非常准确的数字，而是包含了"未知资产"这个估算值，所以，可以说漏洞管理覆盖率是一个定性的指标，总体上反映了覆盖率的总体情况。

12.2.2　准召率

准召率取决于扫描器的能力，也就是误报（准确率）和漏报（召回率）的问题。一般来说，通过版本库比对发现的漏洞容易出现准确率低的问题，也就是误报率高；而通过 POC 发现的漏洞，如果 POC 写得有问题会出现召回率低的问题，也就是漏报率高，这一问题在 4.2.4 节中阐述过。

脆弱性治理准确率计算公式：

$$脆弱性治理准确率 = \frac{需要整改漏洞}{需要整改漏洞+无须整改漏洞+错误漏洞} \times 100\%$$

漏洞管理准确率计算的三个变量"需要整改漏洞""无须整改漏洞"和"错误漏洞"均是可明确计算变量，所以漏洞管理准确率是可定量计算的。

其中，"需要整改漏洞"是已经下发给业务整改的漏洞，可根据漏洞管理系统统计，没有漏洞管理系统的根据内部邮件或流程系统统计；"无须整改漏洞"是扫描器（或人工）发现的真实漏洞，但经过研判确认可忽略的漏洞，此类漏洞可以通过白名单的方式不断降低，以提高整体准确率；"错误漏洞"是扫描器误报的漏洞，与"无须整改漏洞"不同，"错误漏洞"不是漏洞，是误报产生的。降低"错误漏洞"的产生是提高总体准确率最重要的工作。

漏洞管理召回率计算公式：

$$漏洞管理召回率 = \frac{需要整改漏洞}{需要整改漏洞 + 未发现漏洞(已存在 + 0day)} \times 100\%$$

漏洞管理召回率计算涉及两个变量，"需要整改漏洞"与准确率计算的数值相同；而"未发现漏洞"则又是一个不确定因素。所以，漏洞管理召回率也是一个定性的指标。

"未发现漏洞"的测算方式与"未知资产"类似，但不需要估算占比，而是直接估算数量即可。其中，已存在漏洞是扫描工具能力所限，无法发现的漏洞；但也有扫描器报出漏洞，而被误判为"无须整改漏洞"或"错误漏洞"的。0day是一个更难测算的数值，一般只有在某个系统频繁爆发0day漏洞时，才将其设置为一个数值。这个数值可以以该0day漏洞所影响的资产数量为准。

12.2.3　复发率

产生较高复发率的原因多种多样，治理复发要根据实际情况制定方案。

如果是因为不安全的镜像覆盖原有安全系统，则需要镜像管理。

如果是因为弱密码反复出现，则应该从安全教育入手提高安全意识，也可通过"单点登录+多因素认证"的方式以技术手段解决此类问题。

如果是自主开发的产品反复出现类似注入、跨站漏洞，则应该加强对开发人员的安全培训，以及引入部分SDL的流程。

漏洞管理复发率计算公式：

$$漏洞管理复发率 = \frac{复发漏洞}{已修复漏洞} \times 100\%$$

漏洞管理复发率计算的难点是如何判定一个漏洞为复发，一般来说有两种判定复发的方式。一是某个系统的某个漏洞反复出现，比如某个url的某个注入点重复出现SQL注入漏洞；另外一种是某个系统频繁出现某一类漏洞就算复发，比如某系统在不同的位置频繁出现SQL注入漏洞。这两种方式对开发的要求不同，后一种无疑要求更高。

12.2.4　时效性

漏洞管理时效性主要有三个层面。

1) 现有基础设施的常规巡检　常规扫描器的能力足以满足大部分企业的时效性要求，但超过5000台以上主机的架构就需要有更加高效或可扩展的扫描工具来支撑。

2) 新上线业务　稍有安全意识的企业一般都会在新业务上线前进行安全检查，如果说常规漏洞扫描慢一点还不一定引发什么问题，但业务上线流程时效性不够肯定是影响业务的。所以，安全团队一方面应该与业务部门沟通安全检测需要的时间，以使业务部门对上线时效有个基本的预期，另一方面也要准备应急上线绿色通道，在紧急需求上线的时候可以做到边上线、边检测、边修复。

3) 0day/1day 漏洞爆发　应对新漏洞爆发，一方面取决于对情报的获取效率（关于情报将在 13.4 节展开介绍）；另一方面取决于团队的响应速度。讲一个笔者了解到的真实案例，某大型电商在某次 struts2 漏洞爆发时，在大面积公开前两天获取了相关的 POC，经过紧急排查和处理，在漏洞大面积公开前完成了全网的漏洞修复。笔者认为这应该是一般企业治理漏洞的极限了（在不考虑自己挖 0day 的情况下）。

漏洞管理时效性计算公式：漏洞管理时效性=修复时间点-产生时间点

上述两个时间点都是可以明确的，所以这也是一个可定量计算的指标。其中，修复时间点是指最后一次复查，脆弱性消除前整改的时间点。举个例子，如果某系统漏洞于 10:00 第一次通报修复完成，而 12:00 安全团队复测显示此次修复不成功。该系统于 14:00 第二次通报修复完成，安全团队在 16:00 第二次复查中确认漏洞修复。那么漏洞修复的时间点是 14:00，注意从 14:00 到 16:00 是安全复查的时间，这个时间段脆弱性已经消失。

而漏洞产生的时间点不是安全团队发现漏洞的时间点，这个时间应该追溯到系统上线或更新的时间。再举个例子，如果某系统于 1 月 1 日 9:00 上线，而安全团队于 1 月 2 日 9:00 发现问题并通报相关负责人，并于 1 月 3 日 9:00 完成整改，1 月 3 日 12:00 安全团队完成复查，发现漏洞没有修复完成，再次推送给相关负责人，1 月 3 日 14:00 修复完成，安全团队于 1 月 3 日 18:00 完成复查，确认漏洞消失。那么漏洞管理的时效性=1 月 3 日 14:00-1 月 1 日 9:00=53 小时。

从图 12-1 可以看出，漏洞处理的时效性主要分为两个阶段，一是系统上线到漏洞发现的时间段，二是发现漏洞到漏洞处理完成的时间段。如果每季度或每月定期的漏洞扫描模式可能让阶段 1 持续几千个小时，这是非常危险的。这就是为什么笔者团队在开发扫描器时增加了"永不停歇模式"，目的是尽量降低系统上线到脆弱性发现之间的时间。另外，内部推动漏洞整改和漏洞修复成功率会决定阶段 2 的时间。

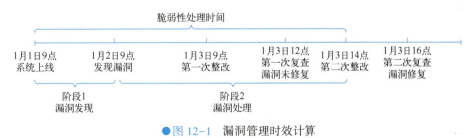

● 图 12-1　漏洞管理时效计算

上述公式是对单个漏洞的计算方式，上升到全局视角，就需要从技术和策略上尽量压缩每个阶段所需要的时间。另外，也可以从漏洞平均修复时间、高中低危漏洞修复时间、漏洞修复时间分度等多个维度分析漏洞修复的时效性，对于用时较多的高危漏洞要分析原因，提出应对方案。

而基线的检查方式在第 4 章也介绍过了，在基线策略制定完成后，覆盖率依然通过资产解决；准召率则取决于基线规则的设定和检查手段；复发率与漏洞的情况类似，大多数是安全意识和安全镜像的问题，就不赘述了。基线检查的时效性主要在于发现和修复的效率，一般来说在检查机制合理的情况下，发现基线问题的效率与分析自动化程度相关，而整改效率与漏洞管理相似。

脆弱性运营指标的计算方式如表 12-1 所示。

表 12-1 脆弱性运营指标计算方法

指标	要素	公式	性质
覆盖率	取决于资产的全面性	$\dfrac{\text{纳入管理资产}}{\text{已知资产(纳入管理+未纳入管理)+未知资产}} \times 100\%$	定性
准确率	取决于扫描器的能力和人工校验的能力	$\dfrac{\text{需要整改漏洞}}{\text{需要整改漏洞+无须整改漏洞+错误漏洞}} \times 100\%$	定量
召回率	取决于漏洞发现的全面性	$\dfrac{\text{需要整改漏洞}}{\text{需要整改漏洞+未发现漏洞(已存在+0day)}} \times 100\%$	定性
复发率	应根据具体复发的原因而定	$\dfrac{\text{复发漏洞}}{\text{已修复漏洞}} \times 100\%$	定量
时效性	常规巡检依赖于漏洞扫描工具和验证的效率 新业务上线检查依赖于流程机制和沟通效率 0day/1day 漏洞依赖于情报和响应速度	修复时间点−产生时间点	定量

12.3 威胁检测

威胁检测的运营同样要关注覆盖率、准召率、复发率和时效性这几个指标。

12.3.1 覆盖率

威胁检测覆盖率计算公式涉及内容较多：

$$\text{威胁检测覆盖率} = \frac{\text{主机信息覆盖率} + \text{流量覆盖率}}{2}$$

1. 主机信息覆盖率 $= \sum_{i=1}^{n} l_i v_i$（l_i 代表第 i 类信息的覆盖率，v_i 代表第 i 类信息的权值，$v_i \geq 0$，且 $\sum_{i=1}^{n} v_i = 1$），$l_i = \dfrac{\text{第 } n \text{ 类日志可收集主机}}{\text{所有需要收集第 } n \text{ 类数据的主机}}$

2. 流量覆盖率 = 东西向覆盖率 $\times a$ + 南北向覆盖率 $\times b$（$a, b \geq 0$ 且 $a+b=1$）

2.1 　南北向覆盖率 = $\dfrac{\text{可监控南北向端口}}{\text{所有南北向端口}} \times 100\%$

2.2 　东西向流量覆盖率 = $\dfrac{\text{可监控东西向端口}}{\text{所有需要监控的南北向端口}} \times 100\%$

为了方便理解，大家可以对照图 12-2 理解逻辑。

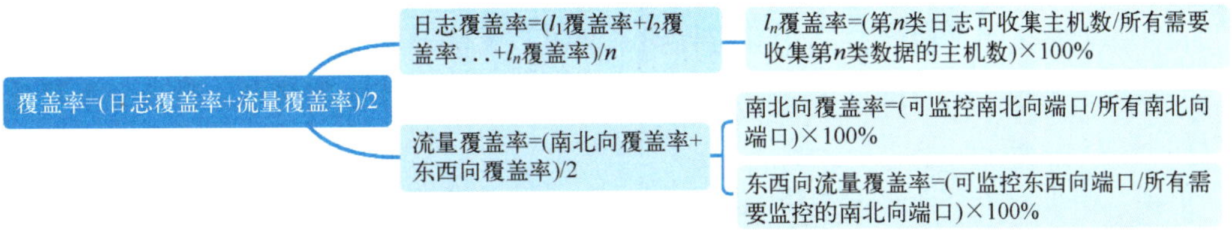

```
覆盖率=(日志覆盖率+流量覆盖率)/2
    ├── 日志覆盖率=(l₁覆盖率+l₂覆盖率...+lₙ覆盖率)/n
    │       └── lₙ覆盖率=(第n类日志可收集主机数/所有需要收集第n类数据的主机数)×100%
    └── 流量覆盖率=(南北向覆盖率+东西向覆盖率)/2
            ├── 南北向覆盖率=(可监控南北向端口/所有南北向端口)×100%
            └── 东西向流量覆盖率=(可监控东西向端口/所有需要监控的南北向端口)×100%
```

● 图 12-2　威胁检测覆盖率计算公式集

威胁检测的运营设计公式较多，涉及的参数也多，主要讨论如下几个。

（1） l_i（第 i 类信息的覆盖率）与 v_i（第 i 类信息的权值）

确认某类日志的覆盖率需要先确认要从哪些主机上收集这类日志。例如，收集 secure 日志可以选择全局收集，但有些 Web 日志只需要从 Web 服务器上收集即可。另外，就是确认从哪些主机上收集了这些日志。除日志之外，用于威胁分析的主机信息可以包含：日志、进程、用户、甚至网卡连接情况，这些都是要关注的信息。这些信息一般需要专门的 Agent 获取，中小型企业建议复用运维系统能力或通过 OSSEC 之类的开源系统获取，头部企业自主开发大神级平台是我辈可望不可求的。但关键还是资产信息要全面，能力再强，Agent 部署没部署全就太冤了。

另外，不同类型的数据根据作用不同，对覆盖率的贡献也不同，所以可以根据参数 v_i 来调整权值。

（2）流量覆盖率

流量覆盖率由南北向和东西向覆盖率组成，其中参数 a 与 b 是权值。根据企业实际情况可以调整南北向和东西向覆盖率对总体覆盖率的影响。

（3）南北向流量覆盖率

首先需要有清晰的网络架构图，用于找到南北向流量的重要接口。另外，如果企业中有类似于 HTTPS 等加密应用，流量镜像需要考虑解密问题，一般将镜像点放在卸载平台后面。如果证书部署在服务器上，就应该在镜像侧加载证书，这又涉及证书保密性和镜像系统计算能力的问题，比较复杂。

（4）东西向流量覆盖率

如果企业 IT 架构稍大，东西向流量很难做到全流量收集，涉及镜像、去重等一系列的问题。我们可以通过镜像 VPN 入口、重要网络汇聚接口的流量、安全域间接口，甚至重要业务服务器端口等方式获取重要系统流量，从而保证能够覆盖到重要应用系统。

12.3.2 准召率

解决覆盖率后,就是数据分析最核心的指标——准召率。

最理想的状态下,准确率和召回率都应达到100%。但实际场景中这是不可能的,准确率和召回率处在天平的两端,我们只能找到平衡点,无法要求完美。如果过度追求高准确率会导致大量漏报,而过度追求召回率会增加人工成本。为了方便理解,设计一个简化的场景如下。

前提:假设一个企业每天遭受100次高危攻击,也就是说搞定这100次攻击,企业就没有威胁了。但是我们要从10万条攻击数据中找到这100次需要处置的威胁。这种情况下有两种可选方案。

方案1:高召回率,也就是低漏报。为了不漏过任何一个威胁,安全检测策略要设置得比较宽泛,在10万条攻击数据中,策略可能会筛出5000条数据供人工选择,但是可以保证,100次高危攻击都在这1万条数据中,也就是召回率100%,但准确率只有100/5000=2%。这时就需要通过人工对5000条数据进行分析,去除另外4900条数据,工作量极大。

方案2:高准确率,也就是低误报。为了减轻人的工作量,我们可以选择另一种相对严格的策略,从10万条数据中,策略筛出了500条威胁事件,其中有80条是真正有威胁的攻击行为。也就是准确率为80/500=16%,召回率80%。这时人工只要分析500条数据,去除其中420条就可以将80%威胁找到。

方案2与方案1对比,工作量是方案1的10%,效果是方案1的80%。这虽然是个设计的场景,但在实际工作中,我们会发现,真实比例大概就是这样,用10%的工作量解决了80%的问题。

有人可能会问,方案2中,如果剩下的20条威胁造成了实际损失,岂不是前面的工作也白做了?的确是这样,但是如果我们在实际环境中推行方案1会发现,以大部分企业的人员配置,很难完成5000个攻击事件的分析工作,可能会导致大量数据无法被分析,实际的召回率很可能远低于80%。所以,在考虑准召率的时候要看机器+人工总体的准召率,而非仅看一个角度。

安全运营要解决的问题就是根据团队实际情况选择正确的分析平台和分析策略,使总体召回率达到最高。由此再回看上述两个方案,将人的因素加进去之后,很可能是如图12-3所示。

综上,笔者的建议是,在威胁检测平台刚刚建设起来的时候可以先追求两个方面的准确率,一是100%准确的威胁,这部分威胁可以不通过人工直接通过自动化工具封堵;二是相对较高准确率的威胁,交由人工分析。而人的工作有两个,一是分析非100%准确率的数据,二是在保持准确率水平不变的情况下,增加策略以增加召回率(可参考本书7.2.2节的方法)。如图12-4的循环不断往复,整体召回率将不断攀升。

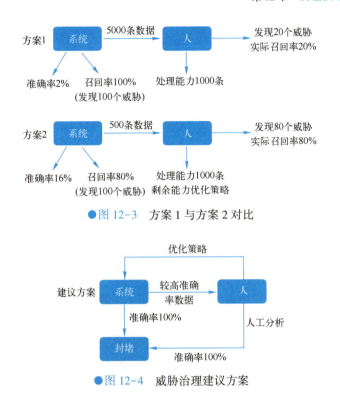

● 图 12-3 方案 1 与方案 2 对比

● 图 12-4 威胁治理建议方案

最后说明一下,在例子中看起来很明确的准召率,换到实际环境中其实是非常难确定的数字。在前面的例子中,大家可能有这么个疑问:你是怎么确定 10 万条数据中有 100 条高危攻击的?实际工作环境中,几乎不可能明确每 10 万条日志中有多少需要关注的攻击事件。上述的例子只是一个简化的场景,让大家能够明白安全数据分析中准确率与召回率之间的关系,这两个参数就像水池中进水和出水的两个阀门(准确率是出水阀门,召回率是进水阀门),我们通过调节这两个阀门来平衡数据池中的数据量,使其能匹配最终的分析能力。

下面分别介绍威胁治理过程中准确率和召回率的计算方法。

$$威胁检测准确率 = \frac{已告警需处置威胁}{所有告警} \times 100\%$$

威胁检测准确率计算的两个参数都比较好确认,"已告警需处置威胁"是所有实际处理的问题。"所有告警"是指经过筛选后推送给人工校验的问题。从目前情况看,传统 IDS 由于有大量告警,所以准确率会非常低。而双线检测类的产品一般告警较少,准确率较高。但会出现不同程度的漏报,也就是召回率低的问题。

$$威胁处理召回率 = \frac{已告警需处置威胁}{已告警需处置威胁+未告警需处置威胁} \times 100\%$$

威胁检测召回率计算的两个参数中,"未告警需处置威胁"又是一个无法准确量化的参数。需要安全团队根据检测手段和以往经验设置一个漏报数的百分比。所以这也是一个定性的指标。

威胁检测的召回率较低一般与如下三种情况相关:检测策略不全、检测参数不正确、无法判断某个行为是否正常。

（1）检测策略不全

也就是没有针对某种威胁行为的分析策略。如果是高危威胁只能加快对该类分析策略的研发，采购商业产品的要推动厂商尽快升级检测策略。在研发或升级期间也可以研究如何消减与这类威胁相关的脆弱性。

（2）检测参数不正确

检测参数需要与企业实际情况相匹配，逻辑比较复杂的威胁检测参数的调优需要循序渐进，甚至需要多轮红蓝对抗来磨合这些参数。

（3）无法判断某个行为是否正常

这一问题的处理方法是，单一维度无法判断的行为可以增加一个分析维度来提高检测准确率。举个实际的例子，我们在做撞库规则检测的早期只做了一条策略：某个 IP 连续登录多台服务器且登录失败。但如果考虑撞库成功的情况，我们增加了一条策略：某个 IP 连续登录多台服务器，无论成功或失败，这时就产生了大量误报，因为运维团队偶尔会手工给一部分服务器刷一些命令。处理这种情况，就无法用单一维度来判断威胁事件了，我们一方面将经常手工刷命令的 IP 放到白名单（如 VPN 网段，但这是有风险的），另一方面将原策略告警权值降低，并在此基础上增加了登录后疑似恶意行为的检测（如删除日志、whoami 命令等），用于加权告警。

12.3.3 时效性

先来看看威胁检测时效性计算公式：

威胁检测时效性 = 启动联动机制时间点 - 威胁发生时间 or 最初告警时间

先解释一下威胁发生时间和最初告警时间的区别，威胁发生时间是攻击者发动攻击，数据包到达系统的时间。而最初告警时间要在此之后增加多层的分析策略的时间，对于周期性分析的策略来说（如每 5 分钟分析一次暴力破解），这个周期就是分析策略时间。另外，大屏展示的威胁需要增加数据加载的时间。从图 12-5 的例子可以看出，威胁发生到最初告警需要 6 分钟的时间，可以称之为威胁潜伏期。一般来说，只能选择最初告警时间，因为没有告警，也无法发现威胁。但我们可以通过技术手段不断缩减威胁潜伏期的长度，让威胁尽快暴露。

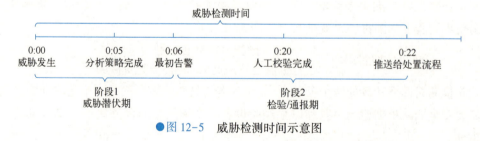

● 图 12-5　威胁检测时间示意图

从图 12-5 可以看到，威胁检测的另一个非常重要的阶段是威胁校验/通报期。这段时间压缩到最极致的情况是告警策略无须人工校验，可以通过系统直接推送给处置流程。那么阶段 2 就可以秒级结束。由此可见，系统的自动化程度和威胁检测的准确率对时效性影响很大。

上述公式是对单个威胁的计算方式，上升到全局视角，需要从技术和策略上尽量提高准确率和召回率。高准确率策略输出的结果可以尽量地自动化，从机制上尽可能地提升人工校验的效率。另外，在非工作时间，要将告警分级，高威胁等级的需要通过各种方式让安全分析人员起来工作。

威胁检测运营指标的计算方法如表 12-2 所示。

表 12-2 威胁检测运营指标计算方法

指标	要素	公式	性质
覆盖率	流量（南北向、东西向） 主机信息（日志、进程、连接等）	$\dfrac{主机信息覆盖率+流量覆盖率}{2}$	定性
准确率	已告警需处置威胁	$\dfrac{已告警需处置威胁}{所有告警} \times 100\%$	定量
召回率	未告警需处置威胁	$\dfrac{已告警需处置威胁}{已告警需处置威胁+未告警需处置威胁} \times 100\%$	定性
复发率	N/A	N/A	N/A
时效性	威胁发生时间、最初告警时间、通报时间	通报时间点 - 威胁发生事件 or 最初告警事件	定量

注：N/A 表示不适用

12.4 防御能力

安全防御能力是企业安全能力的基础，检测能力再强也无法直接解决问题，所以防御能力的提高才是安全能力提高的本质。而防御能力主要可以从两个方面入手：一是攻击面，也就是静态防御能力；二是与检测联动的动态封堵能力。

无论是静态还是动态能力，覆盖率一定要有保障，要是某些端口和主机上缺失了防御能力是非常危险的事。

静态防御能力可以参考第 3 章攻击面管理的思路，值得注意的是，并非所有企业都在技术架构建设初期就具备了安全域、主机层防御等能力，在设计静态防御能力时一方面要考虑企业现状，尽量利用现有资源做到最好；另一方面，在需要投入的情况下，要本着边际收益最高的原则，优先"花小钱办大事"的项目投入。

而动态防御能力可以参考第 6.2.3.1 节，而建设动态防御能力，笔者建议尽量复用类似自动化运维系统的已有基础设施，这样会大幅降低投入。关于自动化联动，大家可以关注最近比较火的 SOAR（Security Orchestration, Automation and Response，安全编排、自动化与响应）的概念。从字面上看，SOAR 的定义很像前文提到的威胁感知+联动，但 SOAR 更偏重"编排"的能力。SOAR 能够根据需要灵活集成安全相关的任何能力，包括检测能力、防御能力，甚至调用人工能力。

12.4.1　覆盖率

防御能力的覆盖率需要看企业对安全防御的需求。一般来说分三个层面：南北向边界、域间防护、主机防护。计算方式如下：

覆盖率=南北向边界覆盖率×v_1+东西向边界覆盖率×v_2+主机覆盖率×v_3（v_1,v_2,v_3 分别是三个覆盖率的权值，v_1,v_2,v_3≥0，且 $v_1+v_2+v_3=1$）

其中，

$$南北向边界覆盖率=\frac{防御能力覆盖南北向边界数量}{所有南北向边界数量}\times 100\%$$

$$东西向边界覆盖率=\frac{防御能力覆盖东西向边界数量}{所有东西向边界数量}\times 100\%$$

$$主机覆盖率=\frac{防御能力覆盖主机数}{所有主机数}\times 100\%$$

南北向安全边界覆盖率需要考虑主备端口的情况，如果核心网络设备采用了类似 vrrp 或者虚拟化的技术，需要将备份端口也纳入管理。东西向要根据安全域划分情况确定，需要注意的是，在云环境中，可以通过安全组更加方便地部署安全策略，低成本地提高防御能力的覆盖率。主机安全能力的覆盖率主要看 IPtables 或安全 Agent 的覆盖情况。如果采用 IPtables，则需要考虑如何统一管控这些 IPtables，在较大规模网络中，手工维护 IPtables 不应算作安全能力覆盖。而 x, y, z 的权值可以让不同边界的占比对总体覆盖率的影响有所不同，比如在不考虑主机层防御，同时认为东西向防御不如南北向重要的情况下，三个参数可以是 $v_1=0.7$, $v_2=0.3$, $v_3=0$。

12.4.2　召回率

防御能力的召回率是指静态策略中基线的合规率。所以其基础计算公式应该是：

第 n 个防御点的防御能力召回率=$\frac{防御点\ n\ 合规数}{基线策略要求数}$，记为"$d_n$"

整体防御能力的召回率应是 n 个防御点召回率的平均数，或者根据防御点的重要性进行加权。

总体防御能力召回率=$\sum_{i=1}^{n}d_i\times v_i$（$d_i$ 代表第 i 个防御点的召回率，v_i 代表第 i 个防御点的召回率权值，v_i≥0，且 $\sum_{i=1}^{n}v_i=1$）

公式看起来可能不太容易理解，其实就是将每个防御点的召回率乘以相应的权重后求和，而所有权重之和为1。

12.4.3 时效性

安全防御能力的时效性是非常重要的一个指标，本节所讨论的防御能力是动态的防御能力，所以才涉及时效性问题。无论威胁检测的效果多好，最后都要落地到防御能力上。但如果调用安全防御能力的时间很长，就浪费了在威胁检测阶段苦心经营的分析策略。

威胁处理的时效性=完成处置时间点−威胁通报时间点

要缩短从接到威胁通报到完成处置的时间，需要有自动化的联动能力。退一步，如果暂时无法实现自动化联动能力，也需要有一套联动机制，由安全运维人员完成威胁处置。

同样，上述计算方法也是单一威胁的处置时间。但一旦形成有效地机制，整体的安全处置效率会有质的飞跃，可以说是一劳永逸。威胁处理运营指标的计算方法如表12-3所示。

表12-3 威胁处理运营指标计算方法

指标	要素	公式	性质
覆盖率	边界覆盖率、域间覆盖率、主机覆盖率	南北向边界覆盖率$\times v_1$+东西向边界覆盖率$\times v_2$+主机覆盖率$\times v_3$	定量
准确率	N/A	N/A	N/A
召回率	防御点合规数，基线策略要求数	$\sum_{i=1}^{n} d_i \times v_i$	定量
复发率	N/A	N/A	N/A
时效性	威胁通报时间点，完成处置时间点	处置时间点−威胁通报时间点	定量

12.5 安全技术运营指标的应用

对于安全技术运营来说，有了计算公式仅仅是个开始。单纯地堆砌运营指标不能给安全工作带来实际的帮助，对指标使用不当还会给实际工作带来阻力，所以对运营指标的应用方式是非常重要的。应用安全技术运营指标主要需要关注如下几点。

（1）指标核算

对于定量计算的数据来说，最好由程序自动或半自动读取，尽量减少手工录入。因为手工录入很难保证时效性和准确性。更重要的是定性指标，虽然定性指标无法自动读取，但在录入定性指标前要经过一个相对严谨的评估过程，不能为了数字好看而随意填写，这样就丧失了整个技术运营体系的权威性。

（2）指标制定

安全技术运营指标的核心目标是为了评估安全工作的成果。另外，还有一项重要作用是作为考核指标考核工作效果。评估是反映客观事实，而制定考核指标就是提出愿景和要求。对于制定考核指标来说，要根据团队能力、预算规模、企业变化等多个维度判断。考核指标定得太高会给团队带来很大压力，可能产生为了迎合考核而采取不正当手段的行为或者完全放弃，这就背离了安全运营的初衷。反之，如果考核指标过于简单，会让团队丧失成长的动力。对于考核指标的确定，笔者建议参考目标与关键成果（Objectives and key Results，OKR）的理念。简单地说，就是将考核指标设定得高于团队实际能力，但不能高太多，比如上浮至120%。这样即能充分调动团队的积极性（因为完成这个指标是很有挑战的），又不至于放弃（因为看起来还是有可能实现的）。最重要的是，完成指标一定要有个小的庆祝仪式，没完成指标也不要问责，而是找原因、想办法、总结经验，这是团队成长的机会。

（3）多层指标体系

对于衡量单一事件的指标来说，计算起来相对简单。但如果想让这些数字变得更有意义，就需要从全局角度评估该指标标准。拿漏洞管理时效性来说，单一漏洞管理的时效性很容易评估。但着眼全局的情况下，上百个漏洞的修复时间堆积在一起则是杂乱无章的。这就需要第二层的评估，比如高、中、低危漏洞分别的平均修复时间，或者高危漏洞不同修复时间的占比等。在此之上，不同维度指标之间可以组成新的指标体系，例如，威胁处置的时效性可以与安全防御的时效性结合，组合成威胁处置时效性指标。最终可以将所有安全运营指标根据实际需要整合到一起，形成类似"安全技术运营效果"的终极指标，从最宏观判断安全技术运营的成效。安全运营指标体系如图12-6所示。

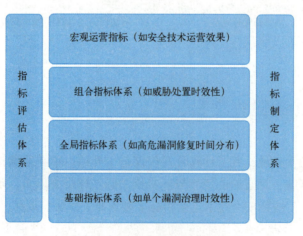

● 图12-6 安全技术运营体系

12.6 小结

本章将脆弱性、威胁和防御能力从覆盖率、准召率、复发率和时效性五个方面（准召率是2个指标）分别阐述了其影响因素和计算方法。需要注意的是，有些计算是定量的，而有些计算则是定性的，需要估算某些数值，这需要有经验的企业运营人员来实现。有了明确的指标，安全团队就可以走出以安全事件论英雄的怪圈。

第13章
非技术运营

技术运营和非技术运营工作的启动没有严格的前后顺序，但一般来说前期建议从技术运营开始起步，在技术运营做到一定程度后，就可以考虑技术之外的问题。非技术运营并非完全与技术无关，而是工作的核心不在技术上。比如安全技术培训，虽然培训内容与技术非常相关，但这项工作主要需要考虑时间、地点、授课老师、课件以及被培训人员的状态等因素。

非技术运营工作对企业安全整体能力上限的提高非常有帮助，尤其在企业安全工作遇到瓶颈时，更需要将视角转向非技术运营。本章就从员工态势、合规管理、安全响应中心（Security Response Center，SRC）和安全情报四个方面展开非技术运营工作。

13.1 员工态势

企业最核心的资产就是人，而由人产生的安全风险比技术系统风险更加难以处理。所以关注员工态势是企业安全团队在非技术领域的重要职责，而且由于员工态势不仅仅是技术问题，所以安全团队还应与人力、法务、财务、培训等部门紧密沟通。总的来说，我们从入职、在职、离职三个层面来关注员工态势。

13.1.1 入职前：筛选与背景调查

对于安全技术人员而言，虽然相对于其他技术领域，信息安全技术起步并不算不晚。但是，发展速度不快，其原因并不在人才本身，而是安全行业的发展滞后于IT基础设施和业务的发展。一般情况下，只有当企业业务发展到一定规模，安全事件对企业的影响达到一定程度时候，信息安全才可能有一定的认可度。但是，安全行业在近年爆发给这个行业带来了发展的契机，但是同时人才的大量短缺也是必须面对的窘境。

安全人才招聘中简历的渠道来源大致包含HR简历筛选和内部推荐。通过社区运营等外部渠道可以积累很多安全人才资源，同时，在企业内部，也可以通过活动或者是虚拟组织方式挖掘出对于安全感兴趣或是在安全技术方面有一定能力的人才。当企业需要扩充自己的安全团队的时候，这些人才资源便有了用武之地。从经验看，成功率最高的，也是目前负责人最喜欢的方式便是内部推荐或者是圈内人士推荐，首先推荐人对候选人有一定的了解（甚至有一些可能是同事或者是朋友），包括人品、技术能力以及职业规划；所以，可以有的放矢地推荐给目标企业或是负责人，免去了很多在筛选简历方面的时间。

从另一个角度来看，正在学校就读或者其他行业转过来的潜在的安全从业人员也是企业的一个选择。由于安全领域自身的特点，安全人才的成长速度远不及安全行业的发展速度；但是，教育是长期的，我们并不能因为成长的速度慢而忽略了这一部分正在成长的群体，因此，有许多校企合作的模式出现，很多知名的企业与学校合作，也有专项的基金提供给学生用于CTF（Capture The Flag，夺旗赛）或者是其他形式的安全比赛。一方面以比赛的形式，检验在学校学到的安全技术，挖掘出学生擅长的领域和缺失的短板，未来有的放矢地培养；另一方面，通过比赛，佼佼者也早早地受到企业关注，成为企业预定了的安全人才。这是当今比较成熟的，对于在校学生的安全人才培养模式。

通过简历筛选和面试后，对于重要岗位的背景调查也是非常重要的环节。背景多指一个人的过往经历，经常被作为判定这个人未来可能会发生情况的参考。安全行业是一个特殊的行业，会涉及大量数据、隐私、权限、法律等带有保密色彩的领域。尤其是《网络安全法》出台以后，由于工作的过失有可能造成刑事犯罪，这在其他技术领域是非常罕见的。从 2012 年起，我国高校开始设立信息安全专业，也就是在 2016 年才有第一批科班出身的网络安全从业者进入职场，很多安全行业的老兵都是半路出家。所以，安全行业的人无论是学历、专业、经历等都比较复杂。为了避免入职以后产生的各类纠纷，建议企业在入职前对候选人进行彻底的背景调查，这是对企业负责，同时也对候选人负责。传统意义的背景调查通常来自于人力资源方面，包括学历查验真伪、工作经历真伪、各类所持证书有效性、离职原因等；但安全视角下的背景调查在传统背景调查的基础上，应该增加政审或是无犯罪证明、安全圈内灰度调查、失信记录、人际关系、绩效水平等，通过灰度手段进行非正常渠道调查，得到最真实的数据，从而规避相关风险。

13.1.2 在职期间：安全教育

因企业性质、行业领域、发展时期等诸多因素的不同，企业不应该照搬任何公司的安全培训体系。好的不一定是适合自己的，只有适合自己的才能靠近或达到预期。

安全意识培训是一个长期的、循序渐进的过程，从无到有，从有到广，从广到深。在规模不大的企业中，安全意识的重要性并不能充分地深入到管理层的认知中。所以，安全意识培训得不到太多的重视，也很难形成体系。但有些实际工作已经在开展，如安全意识的讲座、张贴的海报、宣传标语等。

当企业规模慢慢变大，管理者对于安全意识的关注度变高，整体的安全工作也由被动防御慢慢转向主动出击，这便是一个相对成熟的建立安全意识体系的契机。首先，将安全意识培训纳入新员工培训课程中去，作为入职培训考核中的一个必选项，让每一个入职企业的员工了解到"安全"对于企业的意义。内容可以包括但不限于，员工误操作、公共资源私用、蓄意破坏、邮件安全、社交安全等。对于老员工则可以针对不同岗位、不同级别来区别，如管理层、人事、财务、市场、运营、行政以及第三方，对不同岗位，同一岗位的不同层级，分别进行不同内容的安全意识培训。培训只是安全意识培训体系中的一个，其他方式还有很多，包括但不限于：在内部沟通工具方面，不定期地进行安全意识内容的传播、张贴宣传物品、设计开发互动小游戏等。可以根据企业具体情况设置不同主题，安全宣传海报示例如图 13-1 所示。

安全意识培训可选主题很多，笔者尝试列举一部分常见的培训供大家选择。

1）病毒相关：病毒的危害、如何安装防病毒软件、不要随意卸载防病毒软件等。

2）邮件安全相关：包括钓鱼邮件的类型、敏感文件发送方法等。

3）办公 PC 安全：不要设置弱密码、离开锁屏、U 盘管理、敏感数据加密等。

4）上网安全：如何识别钓鱼网站，从哪里下载软件最安全、不要随便安装插件等。

5）数据安全意识：电子/纸质敏感数据销毁方法、常见的加密存储和加密传输方法等、不要随便在网盘和 GitHub 上上传文件等。

6）账号安全：弱密码的危害、如何方便地设置密码、如何保存密码、不要共享账号等。

7）无线安全意识：不要随便连接免费 Wi-Fi，不要随便透漏办公区 Wi-Fi 密码等。

8）物理安全相关：关注陌生人的进出、禁止陌生人尾随等。

● 图 13-1　安全宣传海报示意图

安全普法培训是意识培训的一个重要组成部分，本书将在 13.2 节具体讨论。

在技术培训方面，由于安全岗位工种很多，要根据岗位需求和个人发展诉求来安排培训，方式可以采用专业培训和内部培训两种方式实现。现在各种线上和线下的安全技术培训很多，企业可以在充分指导的情况下，给员工选择培训内容和机构的自由。

有关安全培训，还可以从安全专业人员、技术人员、非技术人员三个方面思考培训方案。

非技术人员应从日常办公安全意识入手，从入职培训开始培养基本安全意识。据笔者了解，大量企业都在推行全员安全意识培训工作，但效果并不理想。究其原因在于，员工出于强制参加培训，而培训内容与日常工作无直接关联，方式又很死板。换位思考一下，如果下午两点拉着一群技术人员去参加公司法律培训，相信也会睡倒一片。所以，针对非技术人员的培训，要充分关注培训内容和形式的设计。所以，内容上一定要贴近被培训者的工作，就算不能贴近工作也要贴近生活，这样才可能产生共鸣；形式上，不一定采用讲座的模式，小型圆桌、有奖问答、轻度钓鱼都是可选的。例如，笔者在对以内容和行政工作为主的员工进行培训时，内容上从笔者遭遇过的有偿发稿讲起（这是一个内容行业的灰产），到短信诈骗、人脸识别破解等关乎个人切身利益的案例；形式上采用了讲座最后的有奖提问，线上游戏答题，线下有奖答题等方式。其核心目标是让大家积极参与，更好地吸收我们要宣传的内容。最后，培训时间也要有所考虑，早上是否与一些晨会冲突？下午是否容易犯困？非工作日培训是否符合企业文化？这都是需要根据企业实际情况考虑的问题。

技术人员的培训应从安全配置基线和安全开发规范等技术角度来培养安全意识。对技术人员的培训一定要贴近其工作内容，对不同工种的运维和开发可以有不同的培训课件，这对课程设计的要求很高。在技术培训的基础上，针对技术人员的法律意识培训也是非常重要的，越来越多企业的核心价值（内容、数据或平台）都以 IT 架构为基础，技术人员拥有的破坏性越来越大。所以对技术人员的合规和法律意识教育就非常重要了。

安全技术人员一方面要重点关注安全专业技术培训；另一方面，由于安全专业人员经常可以接触漏洞、敏感数据、高权限系统等敏感数据和系统，所以更需要法律法规和职业道德方面的培训。安全专业人员经常会在小范围内得到"上帝视角"，一般人很难抵御使用这项特权的诱惑。所以，笔者认为对安全人员的意识教育的重点是强化特权使用和严重后果之间的关系。

对于企业安全技术人员，企业有很多项目能够成为实践的对象，也会经常举办公司内部或行业的技术交流沙龙，不断用理论武装等；有一些资金雄厚的公司，通过游学的方式，带领部分有资格的安全从业人员与国外的安全从业人员进行跨国技术交流，同时此种安全人才培养的模式也作为激励安全从业人员更多地为企业所服务，而获得安全人才培养的机会。

最后，记得聂君在《企业安全建设指南》中提到团队文化格局为先，笔者非常赞同。在落地过程中并不是所有企业都能找到格局够大的员工，但对员工格局的培养是可以在入职后进行的。培养格局与教授技术完全不同，需要作为负责人以身作则，如果每天告诉自己的团队要有大格局，而自己鼠目寸光那不会有任何作用，就是所谓的"将熊熊一窝"。

对培训效果的考核可以结合安全工作的结果来衡量。例如：完成某次开发培训后 SQL 和 XSS 漏洞发生的概率减少了多少？完成某次安全意识培训后，内部钓鱼的成功率降低了多少？等等。这些指标可以在宏观层面评判培训的效果，而针对个人维度，则可以通过在线小考的方式关注每个人安全意识和水平的提升。

13.1.3　在职期间：员工安全监测

针对办公安全，很多桌面管理软件功能非常全面，对于产品的能力就不过多介绍了。需要注意的是，企业需要履行告知义务。

在技术手段之外，各部门负责人应该在数据之外，更多地通过面对面沟通关注员工状态。数据虽然不会骗人，但数据呈现的结果往往很有欺骗性。

举个例子，笔者的一个朋友在某大型互联网公司就职，他就曾经被人力请去谈话，原因是在人力的检测系统中，他的离职倾向比较高。而真实原因是因为他那段时间忙着写书，上班时间非常不规律，导致系统认为他有离职倾向。恰巧，笔者的这位朋友也是个算法专家，人力的检测系统在按照他的要求加入一个新的维度——食堂刷卡记录，从这之后他再没有进过离职倾向名单。

从这个例子可以看出，数据分析的结果虽然非常有参考性，但是人的因素依然不可或缺。我们需要更多地调用人的良知良能和同理心，来感受每个人的内心，虽然这有点唯心主义的意思，但笔者认为，对人的管理还是非常需要温度的。

13.1.4　离职脱敏

尤其在非友好离职的情况下，安全团队一定要注重离职脱敏。技术方面，要及时关闭离职相关权限，技术系统比较多的企业建议采用清单方式管理，或者直接采用单点登录的方式统一管理用户权限。非技术方面，可以设立离职后的脱敏期或者签署离职脱敏协议，避免给企业造成较大的损失，此处每家企业各有不同，就不再展开了。

13.1.5　外包人员管理

外包人员是企业需要管理的比较特殊的一类人群，目前很多企业对外包服务越来越依赖。但外包人员很大概率可以接触到企业敏感信息，而一般来说外包人员的流动性又大于企业雇佣的员工，再加上对外包人员的奖惩不由服务采购企业直接控制。如果外包人员出现数据和权限滥用，企业将面临很大的损失。对于外包管理的内容本书第 8 章已经进行了讨论，这里不再赘述。

13.2　合规管理

企业存在于社会中，必须要遵守国家制定的相关法律法规，这不仅仅是国家规范人行为的标准，同时也是保护我们每一个人知法守法的一种举措。尤其是在虚拟世界里，如果不遵守法律，在造成对别人伤害的同时，自身也可能成为受害的主体，并且要承担相应的法律责任。国家网络方面的法律在不断健全。可见，国家对于网络安全行为的重视程度也在不断加深，对于从事安全行业的每一个人来说，都应该在法律的规范之下开展自己的工作，这也是对自己的负责。

近年来，合规风险对企业的影响越来越大。每个安全圈的人都或多或少地听说甚至经历过相关案例。所以企业内部对合规相关的要求越来越高,安全团队在合规管理上的压力也越来越大。本书第 2 章简单介绍过主要标准和面对合规的态度,本节将从另一个角度去看企业合规需要关注的问题。

(1) 企业适合那些规范?哪些是安全团队需要关注的

这是合规工作首先要面临的问题,也就是哪些规范是我们需要关注和遵守的,大的范围不确定就很难进行下一步工作。一般来说,所有国内企业都要遵守《网络安全法》和等级保护的要求,然后再根据企业所处的行业和地域,尤其在其他国家和地区有业务的,要遵守当地法律,最典型的就是 GDPR。

而安全团队所要关心的法律法规,一般来说《网络安全法》和等级保护肯定是需要"吃透"的,其他要根据具体分工而定。在有精力的情况下,还是建议安全团队尽量多研究企业相关的法律法规,这有利于制定安全管理和培训策略。也能让团队负责人视角有所提高,更能跟高层在一个频率上对话。

在研究法律法规时,除了关注具体条文外,还应该尽可能地了解其制定的背景,以及立法机关在当时(制定此法律法规时)所面临的问题。以便研究者可以更深地理解条文背后的思路和想要达成的目的。

(2) 如何学习法律法规

在现实环境中,并不是所有安全团队都有专职负责法律研究的岗位,或者说很少有团队设置这类岗位,所以法律法规需要在职期间定期学习。而且,并不是需要研究法律法规的岗位才去学习,专门的岗位要深入学习,整理出来的知识要定期做普法宣传。常用方法如下。

1)定期邀请法律专家,组织全员进行安全法规学习,安全部同事进行专项学习,并纳入考核机制。

2)每次安全项目推广或安全活动开展之时,同时伴有安全法规的宣贯,做到一日在工作,一日不离法。

3)每次新的安全法规颁布实施,都要进行专项法律的学习活动。

4)发放安全法律纸质学习手册,时时可以翻看学习,制作安全法律小卡片,置于工位区间,做到抬头低头随时可以学习法律知识。

5)持续性地推送电子资料至手机终端,不受任何限制,进行普及法律知识。

6)开发参与性强、互动性强的法律小游戏,寓教于乐。

7)不定期分享经典安全案例,提高大家的守法意识。

8)每年举办安全普法周大型活动。

(3) 如何评估风险

合规问题的后果基本有以下三类。

1)通报:被通报批评对企业声誉影响较大,会间接影响到企业收入和股票价值。

2)处罚:被行政机关处罚会直接造成经济损失,由于经济处罚往往伴随着通报批评,所以通报所带来的损失也在此范围内。

3)下线:在比较严重的情况下,企业运营的产品,尤其是 APP 类产品会被行政机关强制下线，这意味着企业可能因此陷入生死存亡的境地。

在研读法律法规时，需要将违规行为和相应的处罚对应起来，以便于判断违规的成本。可以采用类似风险计算的公式：

违规成本＝违规被处罚所付出的成本×违规被处罚的概率

当然这只是定性的计算，无法完全量化。

（4）风险控制及合规建设

有了违规行为和成本，就可以对应企业实际情况做合规风险评估了。风险评估的方法比较成熟，在此不再赘述。对风险同样有接受、降低、避免、转移四种方式，企业可以根据实际情况灵活选择。有了处置风险的方式，具体合规方案也就顺理成章了。

在合规建设的同时，企业还应与工信部（工业和信息化部）、公安部及网信办（中共中央网络安全和信息化委员会办公室）、行业指定的监管单位等国家各部门保持积极沟通，一方面随时同步对法律法规的最新解读，另一方面可以更好地配合定期或不定期的合规检查工作。在合规工作中，对监管单位的态度是非常重要的，在一些可大可小的问题上，态度决定了最后的结果。我们要理解监管单位的心理，从监管角度来说，他们不可能完全了解企业内部情况，但又要帮助企业发现安全问题及合规风险。除了尽可能收集信息外，一个重要的参考就是企业对合规工作的重视程度和处理问题的态度。如果企业体现出非常合作的态度，监管部门会更有理由相信该企业就算有些安全风险，只要提示了，就可以快速解决。反之，监管部门可能就会采用一些相对严厉的措施，提示企业需要重视安全工作。就像我们面对非常积极的员工犯错，一般是提示性的告知，提醒下次注意；而对于非常消极的员工，一般会加重处理力度，起到提醒的作用。之所如此强调态度问题，是因为笔者见到很多技术团队对合规检查的一些环节不理解、不重视，这是很危险的，希望读过这段文字的读者可以更理解监管单位的工作方法，也希望这段文字能给监管部门的工作带来一点点帮助。

13.3 SRC 运营

为了弥补正向防御的不足，许多企业成立了自己的安全响应中心（SRC），作为企业回收外部风险的入口。同时 SRC 还扮演着安全部门与行业内安全从业人员交流平台的角色，通过这个平台，企业建立了与安全人才的联系，为企业的人才储备做出一定贡献。白帽子（本企业以外的安全从业人员）可以通过 SRC 这样的渠道向企业提交自己发现的安全漏洞，并获得企业给予的一定的物质与精神奖励。简而言之，企业安全响应中心的初衷是企业集合分散在社会中的技术资源来保障企业安全的一种防御手段。

SRC 的愿景固然很好，但建设一个符合愿景的 SRC 并不是一件轻而易举的事，这需要企业内部很多部门及负责人共同协调完成。总的来说，要经历如下步骤。

1. 业务/资产梳理

首先是资产梳理，包括域名和 IP/服务列表，这部分内容在攻击面梳理中论述过，就不再展开；第二，确定好各业务线的安全接口人，安全部门可直接与其对接工作；第三，确定业务部门安全接口人。往往在企业内部，业务线与业务部门有时候是分开的，因此需要分别确定好。

2. 漏洞定级与评分

目前所有的企业与安全从业者对漏洞级别的判定规则基本一致，根据危害程度可分为四类：紧急、高危、中危、低危。但这只是从漏洞的维度来判断的，根据所影响的业务类型不同，又可以从核心业务、一般业务和边缘业务的维度来定级。从这两个维度就可以整理出一个二维的表格，从而计算出任何一个系统中产生任何漏洞的评分，如图 13-2 所示。

漏洞风险评级

暴露等级		1				2				3			
漏洞等级		1	2	3	4	1	2	3	4	1	2	3	4
系统等级	1	1	2	3	4	2	4	6	8	3	6	9	12
	2	2	4	6	8	4	8	12	16	6	12	18	24
	3	3	6	9	12	6	12	18	24	9	18	27	36
暴露等级		1=部分内网开放；2=全内网/VPN专网开放；3=互联网开放											
漏洞等级		1=低危漏洞；2=中危漏洞；3=高危漏洞；4=紧急漏洞											
系统等级		1=边缘系统；2=一般系统；3=核心系统											

● 图 13-2 漏洞评分表

这可以说是一个简化版的通用弱点评价体系（Common Vulnerability Scoring System，CVSS）。近些年，也出现了特殊的定级，包括 0day 漏洞、威胁情报和插件等。每家企业因为行业不同，对于信息资产的关注领域不同。所以，对漏洞的定级，不能照搬通用的标准，还要根据企业自身的情况灵活调整。对于 SRC 而言，评分标准的设定是为了对应出物质奖励的力度，回报于提交此漏洞的白帽子。一方面肯定其技术能力，另一方面感谢其提交漏洞给企业，帮助企业防御风险的行为。

与漏洞定级相关的是 SRC 定级策略与白帽子的认知的争议处理。一般来说，漏洞的定级一般比较固定，不太容易存在争议。比较难的是某个具体的漏洞对业务的重要性，在这方面白帽子与企业之间存在信息不对称。比如就算漏洞等级是紧急，也就是 4 分，也会因为威胁定级和系统等级较低导致总体评分降低。由于存在信息不对称，白帽子很难信服企业的评分规则。另一方面，从利益诉求层面，企业的倾向是降低评分，而白帽子的倾向是提高评分，在灰色地带非常容易存在争议。

3. SRC 对外响应

延续上一节的话题，SRC 对外响应要做到公平公正，如果白帽子确实挖到了有价值的漏洞，一定要给到相应的奖励。这也是管理人员格局的体现，为了一点SRC预算去克扣甚至取消白帽子的奖励，而影响团队内部风气是非常得不偿失的一件事。当年明月在《明朝那些事》中评价，陈友谅的弑君行为给他看似强大的军队种下了有毒的基因，一旦陈友谅显露败迹，他手下的大量将领就会投降朱元璋，导致了最终的失败。领导者的行为会影响一个团队的基因，"不以恶小而为之"，因为得不偿失。

另外，SRC维护的社群因为没办法设置很强的准入机制，不能保障所有白帽子都道德高尚，为了避免低概率的恶意行为，建议企业在与白帽子沟通时尽可能地使用官方语言，避免造成误解和断章取义的情况。如果双方存在异议，要通过友好协商的方式进行讨论，最后求同存异。

SRC运营中心应该7×24 h处在工作状态，相关人员的移动电话保持随时接通和开通短信接收，但这在实际工作中很难落地。因为，不是所有企业都能有足够的人手倒班，这种工作性质需要制度保障，一方面可以将SRC信息推送给7×24 h值班岗位，经过简单培训使之能基本判断什么漏洞可以暂时忽略，什么漏洞要立即叫醒相关人员；另一方面可以从系统设计角度，通过机器规则判断何时以及如何叫醒相关人员。

在每一位白帽子提交漏洞的同时，相关运营人员将会收到漏洞信息的短信和邮件，在工作期间要第一时间通过简短的信息粗略判断漏洞对业务的影响程度，给出对应的处理意见，做出处理动作。该漏洞是远程处理即可，还是需要上升一定级别，开会讨论处理，这都需要在初期有一个基础的判断。所以，这对于SRC运营人员本身的技术能力、运营能力和工作经验是有一定要求的。

4. SRC的进步与沉淀

世界是不断变化、发展的，安全工作更是"魔高一尺，道高一丈"的战场，动态是常态。应急响应中心的工作可以通过行业标准、自我评价、白帽子们的友情建议，或其他有利于响应中心工作发展和提高的因素不断改进，以达到不断提升自身能力，更好地为企业服务的目的。SRC内部应该通过工单系统记录漏洞处理的全部流程，如果遇到有争议的问题，需要及时组织内部讨论，甚至根据需要升级问题，向上级寻求支持。白帽子为企业防御工作做出的贡献，不仅仅是一次提交漏洞这么简单。

有时候，SRC运营人员需要通过一次或者是几次的提交行为，分析其挖洞思路，以推进企业漏洞系统的不断完善，弥补企业欠缺的技术能力。当然，这需要企业最好有自己的漏洞管理平台，可以与响应中心的漏洞处理平台是一个，也可以不同，视企业具体情况而定，并不绝对。

5. 白帽子运营

白帽子群体不同于其他领域的技术人员，有很多并非科班出身，而因喜好入行。每个白帽子在技术方面都有自己擅长的领域，尤其是拥有顶尖技术的白帽子，有自己的技术思路和技术能力，并且还有一颗为其奋斗的安全之心。所以，SRC根据白帽子的背景提供技术场景和机会，使其在自己擅长的领域内发挥最大的价值。白帽子们各自的技术特长和行为习惯有所不同，有的白帽子喜欢夜里挖洞；有的白帽子专注逻辑漏洞；有的白帽子擅长病毒分析；有的白帽子更在意得到的奖金分享给家人等。另外，给白帽子争取福利也是 SRC 的一项重要任务。以腾讯 SRC 为代表的漏洞积分可以直接兑换现金，和以蚂蚁金服为代表的游学项目都是非常大手笔的投入。虽然很多企业没法进行这么大的投入，但无论是物质还是精神，都要最大可能地肯定白帽子的付出。有人说，给狼要给肉，如果给草养出来的就是羊，SRC 的任务是说服企业，让白帽子的福利在合理的条件下最大化是对企业安全有利的投资。

6. SRC 的未来

目前几乎所有 SRC 都面临这样的问题，越来越多的白帽子拿到漏洞后不及时提交，等到 SRC 有活动的时候赚取更多积分。从个人的角度来说，这无可厚非，类似于夏天砍了柴不着急卖，等到冬天价格好了再卖。但对企业来说，非活动期间 SRC 变成了可有可无的。这就导致企业建设 SRC 的投入产出比越来越大，获取漏洞的边际成本也越来越高。久而久之，企业对 SRC 的重视程度也自然而然地降低。SRC 未来应该何去何从呢？目前，笔者还没有见到哪些企业的 SRC 找到新的出路，那么笔者就基于个人的认识畅想一下 SRC 的未来。

首先，基于 SRC 一定的社交属性，SRC 可以作为企业对外运营的平台（这部分内容将在第 14 章展开），现在很多 SRC 也在这么做。其次，回归到 SRC 的本质，安全应急响应中心字面的意思非常宽泛，绝不是仅仅通过外接渠道收集漏洞这么简单。那么 SRC 可以回归到字面的本质，致力于企业应急事件的处置和管理。在安全团队没有其他运营队伍的情况下，SRC 甚至可以接管对内技术运营的工作。这些工作对目前的 SRC 团队来说无疑是有挑战的，但想要破局就需要一些走出舒适区的魄力。

13.4 安全情报

安全情报在近些年越来越受到行业重视，准确的情报可以有效地降低企业对威胁和脆弱性的分析压力。目前商业情报库主要集中在漏洞、病毒、攻击手段等维度，一些头部企业可以根据大数据实现对攻击者的画像，帮助企业选择正确的威胁处置方式。

除了常规威胁情报和漏洞信息外，企业还应该关注法律法规、同行动态、行业活动等。这些相对务虚的内容可以帮助企业安全团队扩展视野，灵活头脑，打开思路。尤其在面临工作困境和年度计划时，可以从更高的维度、更多的角度思考遇到的问题、阐述解决方案，从而获取高层的支持。这些情报是安全团队更需要花心思处理的。

笔者团队的情报小组（虚拟）除了要关注外部信息外，还要经常将视角转换到内部，来为单位审视安全工作。例如，某一周我们发现漏洞管理系统中，未修复漏洞数量猛增，是因为之前扫描、验证、入库的逻辑是分离的，经过扫描和验证后，批量录入大量漏洞。这种方式降低了漏洞修复的时间。了解到这个情况后，我们优化了新的漏洞处理逻辑。有些时候，外部情报不一定能马上帮助企业内部解决问题，但通过阶段性地审视工作中的趋势和问题，可以很快找到日常工作中的实际问题。

另外，对情报的使用，不能停留在纸面。事实上，只要在安全圈待过几年，大家都可以以各种渠道获取各方面的信息，但获取信息不代表可以指导动作，停留在网站、微信群和邮箱里的信息并不能直接带来价值。所以，笔者经常要求团队将"内容"变成"知识"，内容是不可直接利用的，而知识可以。

对于安全情报的处理应该有两个转变，一是内容转换为知识，二是知识转换为行动。这两个转变缺一不可。

先说内容转换为知识。内容既可以包括各类文章、技术文档、工作日志等非结构化数据，也可以包括攻击数据、流量、漏洞信息等结构化数据。对于非结构化数据的转换主要还是靠人脑，笔者团队的情报小组，日常会随时阅读各类信息，值得讨论的随时线上或线下讨论，并输出每周总结，总结内容包括行业热点信息、外部安全事件、新的攻击手法或漏洞，以及上述信息的结论性评价。这类分析工作短期不会产生明显价值，需要长期积累，以达到从量变到质变的效果。总的来说，对于非结构化数据的日常分析有助于开拓视野，保持敏锐的嗅觉。对于结构化数据，可以通过预定的规则让机器分析出一个中间结果，再由人来完成向知识的转化。例如，针对攻击数据的分析，可以先通过程序将时间、类型、数量、成功与否等多个维度实现图形化展示，再由人通过机器分析结果得出更具体的结论。笔者将我们安全周报的一个例子放在图13-3，供读者参考。安全情报的总结需要结论性的内容，方便读者理解和重视。

第 周安全情报总结

摘要： 本周内部渗透测试工作导致海外记者站后端数据库出现问题。另外，美国中央情报局网络武器库的分析和RSA 2020安全大会的召开也值得关注。

本周安全行业热点主要集中内部渗透测试过程中，使 ▇▇ 后端数据库压力增大，此事件虽然由于被扫描系统有漏洞导致，但是针对扫描任务仍然有优化空间。

安全威胁层面，隶属于美国中央情报局的APT-C-39情报组织，向中国长达11年的网络攻击渗透，包括我国航空航天、科研机构、石油行业、大型互联网公司以及政府机构等，并且针对我国专门研发了网络攻击武器'Aault7(穹窿7)，中国某安全机构通过相关的技术分析和数字证据，有理由相信美国情报机构参与发起了对中国的大面积攻击行为。网络安全部已经根据开放的信息更新检测策略。

RSA 2020安全大会，其中十大新兴威胁包括深度伪造攻击技术的技术门槛变低、移动监控攻击增长、勒索软件升级、供应链攻击上升、软件安全风险增加等，同时，机器学习和人工智能安全技术也是RSA 2020提交论文最多的主题之一。针对RSA 2020的分析，安全情报小组会逐步细化。

● 图13-3 安全情报周报模板

再来看知识转化为行动。有了很多结论性的知识,我们就需要结合企业实际情况,用知识来指导决策。

例如,针对图 13-3 中的安全情报,我们对内网渗透测试影响业务的情况做了一系列的优化,并增加了与业务沟通的机制;根据 APT-C-39 事件的信息更新了安全情报;RSA 各类报告的研究是个长期的过程,我们暂时没有具体的动作。

由此可见,情报内容经过细致分析后可以落实到日常决策,但并非所有内容都能马上落地,有些内容需要日积月累地分析和思考才能形成有价值的知识。

13.5 小结

安全运营的目标不是消除所有安全风险,这是不现实的,大部分时候我们的目标是让我们的安全能力在行业处于相对领先位置即可。安全领域越来越重视人的风险和价值,而非技术运营是在技术运营的基础上对人这个维度的延伸,是对技术运营的有效补充。

第14章
其他问题

安全工作十分庞杂，日常工作涉及架构设计、人员管理、安全合规、团队建设、应急响应等多个方面，技术上更是涉及物理安全、网络技术、操作系统、软件开发、数据治理、反爬、反欺诈等几乎全栈技术知识。同时，还要关注员工意识、外包管理、外部情报等非技术领域问题。这些问题不是任何一本书可以完整阐述的，笔者虽然尽量全面地阐述各方面的内容，但由于个人视角和阅历的局限，以及篇幅所限，不能就所有的问题都充分展开。本章是全书的最后一章，笔者整理了自己遇到，或者经常被问到的一些问题，并对此做出解答。

14.1 常规安全产品

企业需要上哪些安全产品？这是所有安全团队第一个要考虑的问题。根据避免过度防护的原则和企业预算有限的事实，任何安全团队都不能奢望在全网部署所有能想到的安全手段，既不现实也没必要。所以，考虑要上哪些安全手段之前，我们先要思考一下企业产品选择的逻辑。这个逻辑大多数时候要根据需求，一方面是实际安全需求，另一方面是合规需求。在满足需求的基础上，尽量提升安全能力，这就涉及了产品的选型逻辑。

一般情况下，任何一类产品在市场上都有很多厂商可选。大厂稳定性（包括厂商和产品的稳定性）有保障，但有些服务和定制开发的需求不能灵活满足。小厂灵活性高，一般会有一些亮点功能，同时价格一般相对较低，但由于市场成熟度不高，可能在稳定性（同上）上有劣势。所以企业在产品选型时需要结合需求对标不同类型的产品。

另外，有些采购金额比较大的项目涉及招标流程，这种情况下安全团队要细致分析产品的各项能力（包括功能和性能），同时要对售后服务、培训，甚至要对一些资质、价格评分等商务条款有细致的要求，避免不满足企业需求的产品中标。

14.1.1 边界防御（FW/NGFW/IPS/WAF）

大家熟知的，最早的边界防御产品是四层防火墙，用于南北向隔离和东西向安全域间隔离。笔者所在企业早年间采用 ACL 的方式替代防火墙，其区别是防火墙是有状态的，而 ACL 是无状态的。所以配置防火墙比配置 ACL 更加方便，这也跟防火墙有 Web 管理页面有关。但正是因为防火墙是有状态的，需要保持连接，所以相比无状态转发的交换机和路由器来说，防火墙的性能相对较低，所以在防火墙选型时除了要关注吞吐量，还要关注并发连接和每秒新建连接的参数，尤其在支撑突发活动的时候，相比保持并发连接占中内存，新建连接的握手需要耗费宝贵的 CPU 资源，所以一般情况下新建连接数会远小于并发连接数，这经常是整个系统的瓶颈。打个比方，并发连接相当于一个房间可以容纳的人数，而每秒新建连接相当于每秒可以进入房间的人数（取决于门的大小）。在极端情况下，房间还没满，但是由于门太小，门口挤满了人还是导致拥堵，如图 14-1 所示。

近年来，传统的四层防火墙基本都升级成了下一代防火墙（Next Generation Firewall，

NGFW），常见的 NGFW 集成了四层防火墙、入侵防御系统（Intrusion Prevention System，IPS）、Web 应用防火墙（Web Application Firewall，WAF）、防病毒、威胁情报等大量功能，对于流量不大的企业非常实用。但在 NGFW 选型时，需要关注在全功能开放时的性能，一般来说开放七层后性能会大幅降低，这方面就要看厂商的优化程度了。对于流量较大的企业来说，更要认真测试 NGFW 性能，或者将各个模块分开部署。

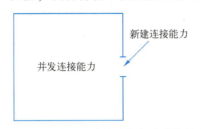

●图 14-1　并发连接能力与新建连接能力

而 IPS 和 WAF 都工作在七层，所以需要将有必要的流量牵引到这类设备上，全流量太浪费性能。例如，笔者所在企业大部分流量是视频流，这些静态资源安全风险很低，所以这些流量就不过 WAF 策略。

由于 Web 应用的兴起，WAF 在企业中的重要性越来越大，这也催生了很多产品形态。最常见的是网关级的硬件 WAF，这类 WAF 要想生效必须串接到网络中。另外有 HTTPS 服务的企业需要考虑证书卸载的问题，本地卸载证书会增加 WAF 的性能消耗，当然也可以将 WAF 直接部署到证书卸载平台之后。云 WAF 在最近几年也非常常见，通过 CNAME 的方式，可以快速将流量切换到云安全平台上。有 HTTPS 服务的企业同样需要考虑证书部署的问题，可以参考第 10.1.2 节的内容。

RASP（Runtime Application Self-Protection）也是近年来大家都在关注的方式，这是由 Gartner 在 2014 年提出的概念，目标是"对应用服务的保护不应该依赖于外部系统，应用应该具备自我保护的能力。" RASP 的特点是运行在应用程序的内部，能够在运行时结合上下文采取相应的保护方案。但 RASP 的部署难度很大，需要在服务器上部署，也会遇到类似主机安全类产品的问题，同时要考虑对主机性能的消耗。

如图 14-2 所示，相对只能处理原始 HTTP 请求的 WAF，嵌入 Tomcat 进程中的 RASP

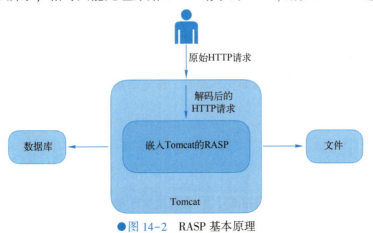

●图 14-2　RASP 基本原理

可以直接处理 Tomcat 解码后的 HTTP 请求，也就是说常见的基于混淆编码加密等绕过 WAF 的攻击报文，到 RASP 的层面都只会看到解码后的 HTTP 请求，这大大减小了规则开发的难度。（本节有关 RASP 部分的内容参考自《企业安全建设入门》一书）

14.1.2　DDoS 防御

DDoS 攻击起源于最早的 DoS，但 DoS 相对容易溯源和防御，所以现在攻击者都采用分布式的 DDoS 攻击。DDoS 的实现方式很多，主要分高连接和高带宽两大类。防御方法也很多，主要分本地清洗、云清洗、运营商清洗三大类。

本地清洗可以解决高连接数的攻击类型（如 Syn-flood 和 CC），但对于高带宽攻击基本束手无策，一般企业很难通过囤带宽的方式与攻击者对抗。

而云清洗是性价比较高的方式，目前各大安全厂商都有相应的服务，通过 CNAME 将用户请求转发到安全云上，云端会配备 WAF 和抗 D 能力。云清洗需要关注从安全云到本地源站的网络质量，一旦链路出现问题要能够快速切换。另外，安全云的方式并没有从 IP 层面保护源站，如果黑客知道源站 IP，还是可以攻击源站。所以，采用安全云的方式，要保护好源站 IP 信息，避免泄露。具体原理如图 14-3 所示。

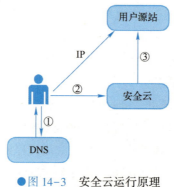

●图 14-3　安全云运行原理

从图 14-3 可以看到，通过域名访问源站的路径是①②③，而通过 IP 访问源站的路径是 IP 线。所以，运营商清洗是解决高带宽攻击的最佳方法，可以全方位地保护网络资源不被攻击流量占用。运营商还会采用"近源清洗"的方式优化全网带宽的消耗，但据笔者了解，运营商清洗也是最贵的，而且很多二三级运营商不提供 DDoS 清洗服务。另外，不同运营商启动清洗策略不同，需要在前期充分沟通，甚至采用应急演练的方式验证启动清洗的流程和时效。

14.1.3　安全检测

早年间 IDS 几乎是所有企业的标配，但是传统 IDS 的数据分析有多难，只有具体运维的人才能体会。所以又有了 HIDS（如 OSSEC）和双向检测（如奇安信的天眼）两种产品类型。威胁检测产品形态在第 6 章有过阐述，在此就不再赘述了。

14.1.4　安全云

在 WAF 和 DDoS 环节都介绍了安全云的使用。有 HTTPS 证书部署的情况下，安全云的接入也是一个很复杂的问题，这在 10.1.2 节中也介绍过。其次需要关注的就是安全云厂商的回源质量、节点切换速度。另外，需要了解安全云的模式只能保护基于域名访问的业务形态，如果攻击者直接攻击某个源站 IP，安全云则无法提供保护。所以，采用安全云保护的 IP 一定要保密，不能泄露。

14.1.5　EDR

关于 EDR（Endpoint Detection & Response，端点检测与响应）类产品，笔者在第 5 章分析了选型的注意事项。在能力上，商业 EDR 产品的能力越来越丰富，主要有如下几类功能。

1）基于文件和进程的入侵检测：与网络入侵检测不同，EDR 产品的入侵检测可以通过检测重点文件和进程来判断系统的异常。

2）基于日志的威胁检测：通过系统日志可以判断撞库、暴力破解等行为，当然也可以根据用户需求自定义检测规则。

3）Rootkit 检测：根据多维度特征判断 Rootkit 后门。

4）资产管理：由于可以在系统层执行命令，EDR 类产品对资产的判断要比基于网络扫描的方式准确得多，尤其对 Web 框架、应用版本的精确判断可以帮助企业有效应对 0 day 攻击。

5）基线管理：根据企业基线规则，准确判断基线配置。

6）蜜罐：EDR 级的蜜罐可以实现"全网皆蜜罐"的目标，但为了避免误报，设置白名单是非常必要的，而且如果需要高交互蜜罐，做好资源隔离非常重要。

14.1.6　微隔离

如第 3 章所述，微隔离类产品将攻击面缩减提高到了一个新的高度。另外，与 EDR 产品类似，微隔离类产品也是公有云环境下非常少数企业可自主选择的产品之一。相比 EDR，微隔离更偏重防御，在静态攻击面缩减的同时，也可以与威胁感知系统联动，将颗粒度缩小到主机甚至应用层。常见的微隔离产品主要可以实现如下功能。

1）基于主机的静态隔离：这是微隔离产品最核心的功能，通过固化的策略明确哪些 IP 可以访问本地应用，以及内部哪些应用可以相互调用。

2）东西向异常分析及防御：通过内置的分析策略对东西向访问进行分析，防御异常访问，同时也可以与企业安全分析能力联动，实现检测能力的扩展。

3）通信拓扑分析：有了访问数据，就可以分析全网主机之间的通信关系，规避了流量镜像的复杂性。

需要注意的是，微隔离的白名单比黑名单安全得多，很难逃逸。但是难度在于对业务的掌握，这要求安全部门和业务部门有更深入的协同，过去那种各自为战的工作方式就行不通了。

14.1.7 身份认证

身份认证的需求自古就有，古代经常遇到的一个问题就是官员到某地就任或公干，如何解决冒名顶替的问题？古人想出了很多办法，如虎符、鱼符、龟符、腰牌等都是基于硬件的身份认证，有些腰牌上还标注了个人特征，算是一定程度的多因素认证。在信息安全领域，身份认证需求与之类似，就是证明访问者的身份是其宣称的身份。在企业中会有大量的系统采用不同的身份认证方式，这一方面带来了很多的复杂性，记忆密码不方便；另一方面也不利于对账号的统一管理。所以，很多情况下大家会使用单点登录（Single Sign On，SSO）系统，SSO系统有如下好处。

1）方便实现4A（认证Authentication、授权Authorization、账号Account、审计Audit），通过SSO企业可以将4A能力有效地整合在一起，避免不同系统的安全策略不统一。

2）一般SSO系统采用HTTPS方式，避免了明文传输。

3）安全的保存密码不是一件简单的事，SSO系统可以一站式解决企业密码保存的安全性问题。

4）方便实现多因素认证，现在市场上有很多多因素认证产品可以选择，有些甚至完全不需要设置密码，安全性与便捷性都达到了较高的标准。

14.2 常见安全岗位和知识体系

本节介绍安全部门常见的岗位和相关的知识体系。在此之前，有三点需要解释：第一，下述的岗位并不都是必需的，要根据企业情况灵活设置；第二，下述岗位不一定需要企业直接招聘，通过安全服务商也可以解决问题；第三，下述岗位不一定专人专岗，可以多岗兼职。比如笔者团队的情报小组就是由一个运营、两个开发和一个数据分析工程师组成的（其中数据分析师是安全服务商的工程师），他们的特点是对于安全情报工作感兴趣，而且有相对灵敏的嗅觉。

1. 漏洞/渗透岗

漏洞/渗透岗是安全团队最常见的岗位，在人数多的情况下可以拆分成漏洞扫描岗（初级)、渗透测试岗(高级)和漏洞管理岗(偏管理)。漏洞扫描和相关的验证工作可以尽可能多地交给机器,机器做不到的由人来接管。渗透测试岗需要从黑客视角不断寻找系统和业务漏洞,需要灵敏的嗅觉和很强的漏洞利用的意识。

知识体系 在网上能找到很多对渗透测试工程师的能力要求,基本包括:①熟悉主流渗透测试工具;②熟悉常见漏洞原理,并能熟练利用;③熟悉与公司业务类似的业务逻辑和常见的逻辑漏洞挖掘方法;④有一颗热爱挖漏洞的心;⑤发现过企业使用框架的 0day 漏洞;⑥改进常规渗透测试的效率。

2. 安全运维岗

安全运维岗主要负责基础安全产品的调试和调优工作,这个岗位在很多企业中属于运维团队,但针对比较复杂的策略配置和设备(如 WAF、IDS 告警调优等)需要对安全日常工作有深入研究的工程师进行操作。当然安全团队也可以通过 API 或流程系统,直接或间接地控制这些设备。

知识体系 安全运维岗要熟悉主流安全设备的原理和调试方式。由于要对设备的可用性和性能做到实时监测,所以需要一定的监控系统使用和配置的能力。另外,运维岗要有 7×24 小时备战的心态,这是必不可少的。

3. 源码审核岗

在有标准 SDL 流程的企业中,源码审核只是 SDL 的一个环节。但大部分企业落地 SDL 是有困难的,所以很多安全团队能落地的就是源码审核。

知识体系 这个岗位除了要熟练使用开源或商业的审核工具外,还应熟悉常见漏洞原理和利用方法,熟悉挖掘企业使用开发语言的代码缺陷和漏洞。

4. 安全加固/测试岗

APP 安全加固主要通过系统完成,所以这个岗位需要做的是评估安全加固系统的能力。需要自主研发 APP 加固系统的不在这个岗位的讨论范围。

知识体系 熟悉安全加固的各种机制和破壳的方法。另外,需要熟悉 Android 或者 iOS 的安全机制。

5. 安全运营岗

这是在技术团队中少有的非技术岗位,但这并不是说安全运营可以完全不懂技术,只是不专注于某个方向的技术。安全运营需要关注安全能力、法律法规在企业内部的落地情况,如果有 SRC 的企业,SRC 的运营也是安全运营岗的重要工作。当然,安全运营是一种思路,并非是某个岗位所能覆盖的,此处提到的岗位是最常见的非技术类的运营岗位。

知识体系 ①具有良好的沟通、协调、创新和适应能力;②熟悉互联网内容运营手段,并能熟练利用;③具有安全运营理念和思路,并具有自己的工作方法。

6. 情报分析岗

从笔者了解的情况看，很少有企业设置这个岗位。如前文所述，笔者的情报小组就是个"杂牌军"，没有专职的情报分析人员。对大部分企业来说也没有必要设置专岗做安全情报分析工作。

知识体系 多人虚拟团队的情报分析岗需要一专多能类的员工。一方面，要在自己的专业上通过阅读较为晦涩的文章获取有深度的情报；另外一方面，要在广度上实现知识迁移。

7. 安全管理岗

领导一群天生对漏洞感兴趣，又很擅长利用漏洞的人是一件非常难的事。管理者既不能压制团队成员的创造性（尤其是渗透测试），又不能让大家无边界地自由发挥。所以笔者认为，应给团队设定总体目标，同时约法三章。总体目标是方向，是前进的动力，而约法三章是约束，是底线。安全管理岗需要了解基本的管理知识，对上有办法获取支持和资源，对下有能力获得拥戴和信任。

知识体系 ①对安全的全领域或对该岗位所负责的领域有比较全面的认识，同时需要有自己的见解；②能够平衡业务需求和安全需求；③能够用自己的方式与团队沟通，带领团队完成既定目标；④有对上沟通的能力，能够反馈团队工作成果，同时有效接收上级的指导意见。

14.3 常见安全框架/模型

在技术交流或一些安全文章中，我们经常会碰到各种各样的安全框架和模型。这些框架和模型是非常好的工具，让我们在一个非常成熟的体系下思考或开展安全工作。本节就来介绍一些经常会遇到的模型。

14.3.1 纵深防御

20世纪30年代，苏联元帅米哈伊尔·尼古拉耶维奇·图哈切夫斯基在总结第一次世界大战和国内战争经验的基础上形成了"大纵深作战理论"，该理论被视为20世纪三四十年代苏联军事科学的最大成就。虽然没有直接证据显示这个从战争领域产生的理论与网络安全体系建设的纵深防御有直接的联系，但网络安全与领土安全核心理念具有一定的相似性。

网络安全的纵深防御理论与"大纵深作战理论"的相似性主要集中在"纵深"二字，在战争中有攻有防，但对于企业安全团队来讲，更重要的任务是利用"纵深"来防守。纵深防御体系的核心思路是不要把防御力量放在同一层面,要有层次、分区域地进行防御能力的部署。在纵深防御体系中,我们默认入侵者会突破一层甚至更多层的防线,在这种情况下,安全防御和检测系统的布置就要非常周密。

国内很多厂商将其不同层面的安全防护产品整合到纵深防御的框架中,所以大家经常看到的纵深防御模型总是各不相同。笔者认为,纵深防御是一种思想,并不是解决方案,不能随便找一个直接套用。塔防游戏中的纵深防御示意图如图14-4所示。

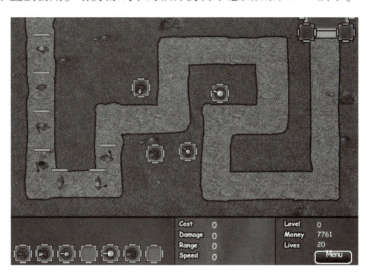

●图14-4 塔防游戏中的纵深防御

14.3.2 安全滑动标尺

安全滑动标尺模型是美国系统网络安全协会(SANS)发布的一个网络安全评估模型,如图14-5所示,是一个探讨网络安全活动和相关投资的模型。安全滑动标尺提供了一种宏观角度的企业安全建设指导模型,从左到右是从基础到深入不同阶段的安全能力模型。在进行安全体系设计时,综合运用架构安全、被动防御、积极防御、情报和进攻这五个阶段(每个阶段对应最佳的行动措施和资源投入)将有助于提高网络安全能力。通过该模型,可以评估组织当前网络安全建设的现状,并对未来网络安全建设指明方向、确定目标。

但总的来说,标尺左侧的工作如果没做好,向右侧走的效果就会变差。例如,在安全域和基础网关防护还没有做好的情况下,做态势感知的效果一定不会好。这种情况下,态势感知会发现大量本应在默认安全策略下就被禁止的安全威胁,大量的报警会极大地耗散安全工程师的精力。反之,按部就班地做好边界和安全域策略,有效收敛攻击面后,外部威胁也会大量减少,系统和人力资源就会被用到更有价值的地方。所以,既然是指导模型,就不能照搬,安全团队需要根据实际情况开展不同阶段的工作。参考安全滑动标尺模型,笔者建议按照从左到右的顺序建设,最好别跳步,但具体顺序上的调整,问题还是不大的。同时,这个模型也可以帮助检查已经建设好的系统,用于在宏观上查缺补漏。

● 14-5　安全滑动标尺模型

14.3.3　零信任网络

零信任的字面意思就是谁都不信。是的，这就是零信任网络的核心思想，在接受严格的验证前，一个系统不应该默认信任某些区域和主机的访问。这个在 2010 年由 John Kindervag 提出的概念，在 2018 年前后突然在国内受到重视。原因可能是 2017 年 Google 的 BeyondCorp 项目完工，建成了世界上第一个基于零信任架构的网络，给了世人充足的信心。

与零信任一同出现的另一个词是"无边界"，正是因为做到了零信任，网络才可以无边界。在传统网络架构中，内网系统被各种安全设备层层包裹，用于防止攻击者的入侵。但看似严密的防护逻辑中有个致命的缺陷，也是系统经常遇到的问题——安全防御重南北向，轻东西向。当攻击者突破防火墙和 WAF 后，可以无阻碍地在内网漫游。这是因为在我们的安全设计中，认为内网是安全的，由一个内网 IP 访问另一个内网 IP 不应该受到限制。

零信任网络打破了内网与外网的边界，没有特权区域的概念，任何访问都要经过严格的认证和细粒度的授权才可以实现。这看上去貌似没什么难以实现的，因为目前很多 SSO 系统已经可以具备上述能力了，最小授权、对人和设备的身份认证、准入控制、访问控制这些都是业界已经解决的问题，在这个层面上需要的是更好地集成。但零信任网络既然称为"网络"，就不能只站在系统层面考虑问题，而要把访问授权提到网络转发层。传统网络设备的转发技术很难实现，相信随着 SDN 技术的发展，通过控制层和转发层的分离，或许可以解决这个问题。

最后，看似简单的零信任网络改造 Google 用了 6 年，还在探索阶段的企业不要轻易启动零信任网络的改造，从常见的网络架构看，放开边界的控制是十分危险的。

推荐一篇深入浅出介绍零信任网络的文章：《如果土匪都懂"零信任网络"，杨子荣还能智取威虎山吗？》（https://www.sdnlab.com/23208.html）

14.3.4　ISMS、ISO 27001 与 PDCA

在进行安全体系建设时，ISMS（Information Security Management System，信息安全管理体系）、ISO 27001 和 PDCA 是经常出现的高频词汇，笔者查阅资料后梳理出这三个词汇之间的关系，供读者参考。

ISMS 是一个非常宽泛的定义，大家能看到的对 ISMS 的解释都是基于 ISO 27001 模型建立的一套方法论，而 ISO 27001 的核心方法是 PDCA。简单地说 ISMS 是名称，ISO 27001 是大家常用的对这个名称定义的规则，而 PDCA 则是实现 ISO 27001 要求的方法。关于 ISO 27001 和 PDCA 的内容已经在第 2 章讲过，此处不再赘述。

14.3.5 重检测，轻防御

重检测，轻防御不是什么安全模型，是笔者在安全建设中用到的一种思路。笔者会经常用这种策略去处理安全问题。"轻防御"不是轻视，而是"轻量级"，防御手段一定要快捷而有效。因为在国内大部分公司还是以业务为重，安全也是为业务服务的，防御策略搞得太重容易误拦，搞得太轻用处不大。只要有强大的检测手段快速发现各类问题，再启用相应的防御和应急预案还是很容易的。需要注意的是，轻防御是针对防御策略相对模糊的规则制定的，但很明确的防御策略（如禁止 22 端口对外）不需要检测环节。也就是说，"重检测，轻防御"工作方式的基础是攻击面管理达到及格线。

我们举个例子，从另外一个角度理解"重检测，轻防御"。

从理论上说，如果所有的系统管理员都给自己的服务器严格地设置白名单，那么攻击面就会大大缩减，就算入侵者从外围拿到了一台主机的权限也很难横向移动。但如果企业尚未完成自动化运维系统的建设，这种理论上的最佳实践是很难做到的。作为弥补手段，至少可以通过日志分析暴力破解和撞库行为，这是黑客横向移动是最常用的手段。也就是说，如果对暴力破解和撞库行为的分析效果做得比较好，就可以很大程度上弥补服务器端白名单策略的缺失。重检测、轻防御的场景示意图如下。

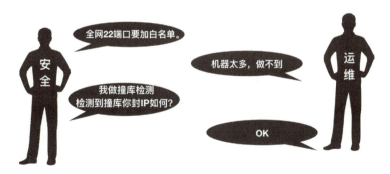

● 图 14-6 重检测、轻防御的应用场景

14.4 经常遇到的问题

本节梳理笔者日常工作中经常遇到，或经常被人问到的问题。这些问题并不一定复杂，

但需要从不同的视角进行思考，或进行更简单的一些实验。最常被问到的问题已经在本书前面的章节有所阐述，本节将对一些零散的问题进行梳理。

14.4.1　ACL 与流量镜像的关系

在威胁处理时经常会发现这个问题，明明已经将某个源 IP 在 ACL 上封了，但是告警还是源源不断，只能通过白名单的方式将某些告警忽略。其原因是网络设备在处理 ACL 策略前，会先处理镜像策略，然后才处理 ACL 策略（如图 14-7 所示）。这种处理逻辑的问题是会凭空增加很多加白的工作量，如果忘记加白，可能会重复封堵某些 IP。但这也有好处，尤其在制定解封 IP 策略的情况下，我们可以清楚了解被封堵过的 IP 对系统的行为。假设一个被封堵过的 IP 一个月，甚至更久都没有过威胁行为，就可以考虑解封这个 IP，减少 ACL 的资源占用。但采用防火墙的方式就无法实现这个能力，解封策略就需要从其他一些维度来考虑解封的问题（如图 14-7 和图 14-8 所示）。

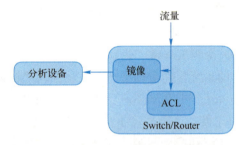

●图 14-7　网络设备镜像与 ACL 的关系

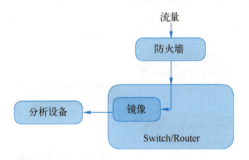

●图 14-8　网络设备镜像与防火墙的关系

14.4.2　漏洞扫描避开特殊系统

漏洞扫描器在扫描的时候会构造一些畸形包导致系统崩溃，这对于一些运行着重要业务的系统是非常致命的。尤其在新的漏洞扫描系统上线时不要上来就扫全网，针对有备份的重要系统要先扫描备份系统，测试稳定性。没有备份的重要系统要在与该系统管理员充分沟通，并告知风险后再有计划地开展扫描工作。

在漏洞扫描的过程中，要通过增加白名单的方式，避开已知会导致崩溃的系统。同时需要告知管理员，安全团队不扫描这个系统，不代表入侵者不扫描，一旦被入侵者抓住这个问题，系统将出现长时间宕机，因为只要扫描继续，设备重启之后还是会崩溃。所以，应该要求该系统管理员尽快升级系统，避免灾难性事件发生。

14.4.3 小团队，大梦想

我们用小团队大梦想来泛指团队目标与实际人力资源不匹配的情况。这在当下安全人才极度缺失的大环境下普遍存在。团队规模限制主要可以分两种情况：一种情况是有预算，招不到人，或者没有名额。如果是这种情况，就可以采用安全服务的形式完成安全工作目标；另外一种情况是，预算不足，无论是自有和安全服务的投入都不足。这种情况下就要识别主要矛盾，集中火力解决核心问题。除此之外，还有一项非常重要的工作是将剩余风险上报企业高层，由高层来决定剩余风险的处置方式。

14.4.4 如何汇报工作

不管是团队的领导还是普通员工，汇报工作几乎是每个人的必选项，无论是有目的性的汇报，如要资源、突出工作重要性等，还是其他的例行汇报，终极目的是让听众认同甚至支持你的想法。而一些重要的工作汇报，其效果可以决定团队未来一段时间资源和政策的支持程度。所以，工作汇报非常值得重视。总的来说，汇报工作需要注意以下几点。

1. 思路清晰

作为汇报者，最基本要求就是思路清晰，也就是让听众（尤其是主要汇报对象）能够容易地把握汇报者的中心思想，这是最重要也是最基本的要求，如果老板连你想表达什么都不知道，就不用说支持你了。做到这点主要是需要汇报者前期准备的时候把事情想清楚，而且要反复琢磨整体思路，这样才不至于被一些突发情况打乱思路。另外就是在汇报内容上抓住重点，比如从要预算的角度来汇报安全建设方案，就不能仅仅论述技术和架构的合理性，而至少要从业务需求、合规建设、同行对比、对外溢出中的一个方面论述该方案的必要性。有了这个必要性，技术部分的内容才有价值。

2. 材料准备

一般公开场合汇报工作的时候用 PPT 或 Keynote 的效果要比纯文档效果要好一些，但 PPT 制作是很多人的噩梦，笔者见过太多将 PPT 当 Word 用的场景，这种情况下还不如用 Word 直接汇报。对 PPT 的准备笔者总结了一些心得。

(1) 积累模板库

对于一般性的工作,虽然不要求 PPT 多么赏心悦目,但至少也要简洁美观,这需要汇报者日常看到一些看起来还不错的模板就保存起来。如果有很重要的汇报或者经常要进行各类汇报工作,可以考虑购买专业网站的会员,这样就可以根据需要随时下载自己想要的模板。

(2) 文字一定不要太多

任何人潜意识里都不喜欢阅读长篇大论的文字,而且汇报过程中的主体是汇报者本人,而不是 PPT。我们需要在每页 PPT 中明确要表述中心思想,PPT 的内容只要做到提示和重点突出就可以。

(3) 动画不要太多

这是笔者一直要改掉的毛病。自从开始用 Keynote,就一直迷恋各种绚丽的动画效果,结果一旦错按,就要把绚丽但冗长的动画反复播放,这时情急之下很容易再次出现错按,这种情况就非常尴尬。

(4) 篇幅不宜过长

要知道,领导的时间永远是稀缺资源,过于冗长的汇报不仅容易让人产生疲劳感,更会让时间有限的领导感到焦急甚至中途离场。所以,要在将事情说清楚的情况下,尽量控制篇幅。

(5) 主要观点尽快抛出

就算我们把时间控制得比较好,突发情况导致领导中途离场的情况也并不少见,所以设计汇报逻辑的时候主要观点和亮点内容一定要尽快抛出。如果需要较长篇幅解释该观点,或者总体逻辑上该观点一定要放到最后提出,也尽量要在前期提出该观点,后面再展开。

3. 个人准备

除了 PPT 内容要准备完善以外,汇报者本人也要进行充分准备,因为汇报工作的核心不是 PPT,而是汇报人,所以演讲人前期的准备十分重要。根据经验,需要前期准备的内容如下。

(1) 对意外问题的准备

任何两个人的思维角度都是有差异的,尤其在上下级之间的思维角度差别更大。所以,有些上级觉得理所应当的问题,汇报者很可能没有想到,这种情况下很容易出现冷场或者汇报者顾左右而言他的情形。应对这种情况没有太好的办法,只能通过换位思考、团队讨论和经验积累的方式逐步地将汇报内容考虑全面。

(2) 论点有可靠的支撑

汇报者要表达的论点往往是核心诉求提出的关键因素,例如,我们通过论述安全环境持续恶化,来达到提高安全预算的诉求。对前一年安全事件和数据的来源一定要可靠,决不能是道听途说或者随意搜索来的数据。

(3) 一定要"说人话"

这点主要提醒技术人员注意，汇报工作的时候，一定要对汇报对象的知识背景有一定的了解，如果对象就是技术专家，那么将核心技术点进行适度阐述是可行的。但汇报对象是技术背景不够深厚的管理层，那么一定要通过举例、类比等方式让对方了解技术所实现的结果。实践证明，这个时候炫技，一定会适得其反。

(4) 让对方认同你的结论

这也是技术人员需要注意的，千万不要故作高深地阐述一堆很玄幻的理论，要获得领导支持就一定要让他真正理解你在做什么，以及这么做的价值。例如，如果要得出地月之间距离的结论，就需要说明我们在月球上安装了光反射装置，再从地球打一束光过去，根据光的传输时间和光速就可以推算出地月距离。这类论述很容易让听众打消怀疑。另外一种方法是说明我们的结论是依据某些知名框架和理论推导出来的，也是一种证明权威性的方式。

4. 其他注意事项

尽量吸引注意力，对于一般人而言，听报告一定不如看电影有定力。虽然报告工作跟看电影无法类比，但能让听众对你的汇报内容尽量感兴趣还是很有必要的。可以通过内容和话术的设计，让听众尽可能轻松地听懂你的内容。这需要大量实践和反复演练。

绝对不能造假，这不用多说，有再充足的理由也不能在数据和一些内容上造假。一旦穿帮，基本上可以确定在这个公司的职业生涯到头了。

做好上述准备，应该可以保证工作汇报过程中基本顺利。但意外无处不在，准备好一切后，需要做的就是反复演练，尤其对于重要的汇报，一定要大量重复，以保证熟练地应对各种突发情况，同时充分准备也可以避免紧张情绪的产生。

14.4.5　发现入侵事件如何处理

入侵事件是很多企业信息系统都面临过的问题，是个典型的应急事件，而针对应急事件的处置，在第7章中有过详细的阐述。在此又提及这个话题是想从另外一个角度讨论这个大家都会遇到的情况。

对于入侵事件的处理，一般流程就是封堵攻击源、清查后门、扩大搜索范围、全面清除以及复盘，至于后期改善就不在应急工作范畴之内了。虽然标准流程看着简单，但每个环节都需要有强大的数据和分析能力的支持。

有时，我们可以请到技术大牛快速地发现入侵点，这是非常令人羡慕的技能。也是多年实践产生的隐性知识，很难通过教学的方式传播。但既然称大牛，就不是普遍存在于民间的。企业在任何时候都不能100%指望通过找到大牛来快速解决应急事件。处理入侵等应急事件要有份操作清单，这份清单也可以理解成一个标准，清单制定的过程可以请资深人士协助。企业通过标准的流程和清单工具，在可接受的时间内解决问题，是最现实的选择。

14.4.6 AI 与安全如何结合

AI 在各个行业都是一个热门话题，很多企业都在尝试安全与 AI 相结合的可能性。在 AI 与安全的结合上，兜哥的 AI 安全三部曲（后文推荐书籍中会有详述）是笔者的启蒙书籍。但鉴于安全人才和 AI 人才双双短缺的现状，大部分团队很难兼得安全和 AI 的专业人才以开发和优化安全模型。如果安全团队有兴趣、有余力在 AI 上发力，笔者建议前期可以从网上找到的一些经典实验入手，快速掌握建模、特征工程、数据集选择、训练和调优的基本方法。然后根据具体情况，进入正式环节。AI 模型的开发和传统基于规则的安全能力开发不同，需要更多关注模型随着数据的积累成长的可能性，而不是眼下的能力。同时，训练数据的人工参与程度也非常关键，有监督训练的大部分成本都来自于人工标注。在本书成书时，笔者团队正在设计一套工作台，希望能将安全各工种（主要是数据分析和渗透）日常工作的数据自动转化为标注数据，发送给模型作为训练数据。当然，这只是个愿景，还有很多挑战需要克服。

从市场情况看，厂商如果不说自己有机器学习（或深度学习）的分析能力都不好意思去甲方交流。但实际上，企业可选的大部分号称有 AI 能力的产品中，提供的都是静态的 AI 能力。所谓静态，是说模型训练过程中确实用到了机器学习算法，但是这个模型在交付后就无法进一步被训练了。产生这种现象的一个最重要的原因是，安全行业中还没有很好的无监督训练模型，而有监督模型则需要大量的人工标注。而厂商输出的产品为了体现友好的交互体验，一定会将标注环节隐藏。在此，笔者建议厂商的同仁，在可能的情况下开放标注的接口，给企业多一个选择的空间。

14.4.7 量子计算是否需要担心

相比 AI，量子计算是一个让大家感觉到更神秘的话题，尤其是著名的"薛定谔的猫"那又"生"又"死"的状态，让人感觉有点玄幻。关于量子力学的科普书，本书最后的推荐书单里会介绍。

先简单介绍一下量子计算。首先量子比特与传统比特的最大差别是，量子比特是叠加状态的，也就是说 2 个传统比特可以代表 00、01、10 和 11 中的 1 个，而 2 个量子比特可以同时代表 00、01、10 和 11。用在运算上，两个 2 比特的运算，传统比特只能计算上述四个数字中任意两个的运算，而量子比特的运算可以同时计算所有排列组合的结果。从图 14-9 可以很清晰地看出，对于 2 比特加法计算，量子比特是传统比特的 10 倍，随着比特数量的增长，这个倍率是以指数级增长的。

量子计算的原理是在薛定谔（1887 年 8 月 12 日-1961 年 1 月 4 日）的时代就提出了，但量子计算的实现貌似一直是一个非常遥远的话题。出于对量子霸权的渴求，近年来科技巨头们都在大量投入力量研发量子计算机（见图 14-10）。2019 年 12 月，亚马逊公司推出了名为 Amazon Braket 的托管服务。虽然这项服务还只有科学家和相关研究人员才能掌握，但是量子计算到来的趋势已经非常明显了。

量子存储

传统计算机　2bit　=　00 or 01 or 10 or 11

量子计算机　2bit　=　00 and 01 and 10 and 11

传统计算机单次运算　　2bit　　10 + 01

量子计算机单次运算　　2bit　　00 + 00 |
　　　　　　　　　　　　　　　01 + 00 | 01+01 |
　　　　　　　　　　　　　　　10 + 00 | 10+01 | 10+10
　　　　　　　　　　　　　　　11 + 00 | 11+01 | 11+10 | 11+11

●图 14-9　量子存储和量子计算与传统计算机对比

量子计算可以将大质因数分解的数学难题通过暴力破解的方式快速解决（Shor 算法），有点"天下武功，唯快不破"的意思。这么看来，很多传统的加密方式很可能在量子计算机的超级算力下不堪一击。但好消息是，目前已经有几种新的公钥密码系统可供选择，它们用量子计算机无能为力的复杂数学问题替代了大数分解问题。

●图 14-10　量子计算机

视角转回到企业安全，在量子计算的问题上，安全团队只需要随时关注量子计算的进展，等到其来临的那天不要恐慌，找到相应的解决方案即可。

14.5　推荐书籍

安全技术涉及面广，攻防双方又处在"魔高一尺，道高一丈"的不断博弈中。所以要做好安全工作就要将自己变成终身学习者，而学习最有效的途径永远是读书。本节根据笔者的阅读经验推荐几本优秀的书籍。

1.《互联网企业安全高级指南》，作者赵彦、江虎、胡乾威等

这本书于 2016 年出版，是笔者读的第一本站在企业视角关注安全工作的书籍。笔者几乎一口气读完，这本在策略方面对笔者非常有启发，又有很多可以直接落地的实战经验。此书给不同成熟度的安全团队提出了不同层面的建议，适应面很广。

2. AI 安全三部曲《Web 安全之机器学习入门》《Web 安全之深度学习实战》《Web 安全之强化学习与 GAN》与《企业安全建设入门》，作者：刘焱（网名兜哥）

AI 安全三部曲是笔者在机器学习方面的入门书籍。三本书由浅入深地介绍了机器学习的基本知识、常用模型和使用方法。有原理、有场景、有代码、有数据集，非常适合 AI 与安全技术结合的学习，同时介绍了 AI 在安全领域的应用。另外，《企业安全建设入门》是兜哥的另一部力作，笔者在 RASP 和 OSSEC 部分都借鉴了此书的内容。此书介绍了几乎所有安全需求的开源解决方案，并对工作原理和配置进行了详细介绍。

3.《企业安全建设指南》，作者聂君、李燕、何扬军

虽然立足于金融行业视角，但鉴于金融行业安全的严谨性和安全技术的通用性，此书非常值得研读。尤其难得的是，此书除技术之外，还对信息安全的规划、合规、团队建设和运营等方面做了详细的阐述。对立足于技术的安全工作者来说，这本书非常有利于拓展视角，从而可以从更高的视角审视安全工作中的各类问题。

4.《互联网安全建设从 0 到 1》，作者：林鹏

笔者有幸在本书还没上市的时候提前拿到的样稿，全书看下来最大的感觉只有两个字——实用。作者凝练近 10 年的安全建设经验，打造了一本非常实用的工具书，可以给读者很大的帮助和启发，值得每位安全从业者阅读。企业安全建设工作千头万绪，阅读这本书会让读者少走很多弯路，让读者真正做到从 0 到 1 搭建安全体系。

当然，安全领域还有很多好书，上面介绍的几本是给笔者启发较大的安全领域书籍，所以在本书中推荐。但每个人都不能仅读与自己工作相关的书籍，下面笔者推荐几本与安全技术无关，但与安全工作有关的书籍。

1.《清单革命》，作者阿图·葛文德

安全工作的复杂性，笔者在全书不同的部分都阐述过。笔者推荐《清单革命》这本书就是为了一定程度上解决安全工作的复杂性。简单而全面是处理复杂工作的制胜法宝，很多时候我们很难将大量简单的工作做得很全面，这就是低级失误的来源。同时，麻痹大意和盲目自信会让人有意跳过一些关键的检查项。开发一个适合企业现状的清单并非容易的事，安全工作涉及的工种很多，需要一系列的清单来支持。

以安全服务为例，相比现在通过控制资质、验收等环节的安全服务，由一系列清单指导下的安全服务相信可以更好地保障服务质量。每个工种、每个工作环节需要的关注点如果都在清单中有要求，安全服务效果的下限就有了保障。那么如何提高工作上限呢？清单是为了全面性而制定的，所以要求限于"关注点"这个层面，而在每个关注点上的不断深挖就是提高上限的过程。

而就算手里已经有了一个完美的清单，执行也并非易事。执行清单的难点不是让小白学会执行清单，而是让有丰富经验的工程师认同清单。执行清单要尽量减少执行人的压力，首先要尽可能地优化执行步骤，通过技术手段的辅助使一些可编码的工作自动化执行，最后就是让清单随手可得，可被监管。

清单并不能让安全团队变得高大上，但企业安全工作本来就很少有灵光一闪的时刻，更多的是脚踏实地，稳步提高。

2.《华杉讲透孙子兵法》，作者华杉

为什么要将网络安全与《孙子兵法》关联？笔者一直认为，在虚拟世界里的网络安全与现实世界的国土安全越来越相似。习近平提出了"没有网络安全就没有国家安全"的网络观。所以网络安全行业的从业者有必要对兵法有一定了解。那为什么是《孙子兵法》而不是其他兵书呢？《孙子兵法》在中国被奉为兵家经典，后世的兵书大多受到它的影响，对中国的军事学发展影响非常深远。更主要的是，《华杉讲透孙子兵法》一书更新了笔者太多根深蒂固的错误认知，所以将此书推荐给广大网络安全工作者，希望能够从不同的角度给大家启发。

3.《量子物理史话——上帝掷骰子吗》，作者曹天元

量子计算的不断成熟势必给整个计算机行业带来很大的冲击，安全行业当然也无法避免。这本《量子物理史话——上帝掷骰子吗》是笔者 2014 年读到的一本书，也是关于量子力学的入门书籍。量子物理的兴起代表着牛顿经典理论体系的崩塌，它不仅给人类带来了观察世界的新视角，也在科技上让人类有所突破。不了解量子力学的基本原理，很难理解量子计算力量从何而来。安全人想在量子计算的世界中安身立命，基础知识是必不可少的。

4. 公众号——企业安全工作实录

这个公众号是笔者于 2018 年开通的，里面会不定期更新一些对安全工作的思考和想法。个人水平有限，当然不能与前面介绍的大作相提并论，所以放在最后。